# 僕が食べてきた思い出、忘れられない味

麻生要一郎

# はじめに

僕は運が良い人だと思われがちだが、
それは突き進んだ結果どうにかなったというだけのこと。
次のステップに進むべき時は、
後戻りする道はとうに途絶えてしまっていて、
そこで諦めたらただの挫折で終わってしまう。

しかしどんな大変な状況でも、僕の食欲は失われた事はない。
〝腹が減っては戦はできぬ〟家業の会社を辞めた時も、
僕は北京ダックをかじったし、母が余命3ヶ月と宣告された日も、
僕は鰻を食べて静かな戦いに備えた。
食べたいものを好きなお店で、しっかり食べれば、
それは明日への糧《かて》になる。

この本で取り上げた飲食店は、今の僕を形作ったお店です。
ただ美味しいのではなく、どこも人情味のある、懐深いお店。
お店を守っていくには、大変な事もたくさんあるでしょう、
かつて飲食店をやっていた僕はその事をよく理解しているつもりです。
それぞれのお店に、エールを送る気持ちで撮影に出かけて、
その思いを綴りました。

皆さんも、山あり谷ありきっと色々あるでしょう。
ここに掲載されているお店、あるいはこの本が
そんな日々の支えになれば僕はとても嬉しいです。

麻生要一郎

もくじ

## ずっと食べ続けたい味

# 僕が生まれ育った街・水戸

# 水戸

長年暮らした街だから、楽しいこと、嬉しいことはもちろん、悲しいことや辛《つら》いことだって、たくさんありました。僕が19歳の時に父が亡くなってから、母一人子一人に途中から猫一匹。僕が38歳の時に母が亡くなり、実家を手放したことで、少し縁遠くなっていました。

都会で忙しい時間の中で暮らしていると、ふとした瞬間に故郷が恋しくなる時があります。

高いビルに遮られない広い空、新鮮な野菜もたくさん、お米もとれる。海もあって川もあり、魚貝にも恵まれ、お肉も豊富、蕎麦も名産地。離れて暮らしてみれば魅力がいっぱい、郷里水戸の思い出のお店を振り返る旅。

僕の実家や母方の祖父母の家から近い〝ハミングロード513〟と名付けられた商店街。513は、商店街の長さを表している。子供の頃はとても賑《にぎ》やかで、八百屋さん、お肉屋さん、魚屋さん、スーパー、本屋さんとたくさんのお店が並んでいた。近くには、備前堀という川も流れて、お盆の頃には灯籠流しが行われ、風情のある街。僕の通学路でもあった、小中学校とそこを歩いて通ったので、思い出深い通りである。小学校から帰ってくるのが、他の子供達よりも遅いと感じていた母が、あるとき小学校から帰る僕を見つけたそうで、川に何の魚がいるのかとしばらく覗《のぞ》いていたり、草花を摘み、野良

Stand Books

伊勢屋

猫と遊んでいたり。一緒に眺めていた、別のお母さんから「あれじゃあ、帰りは遅くなるわね」と笑われたそうである。

## 伊勢屋

最初に訪れるのは、水戸に住んでいる人ならば誰もが知っているのではないかと思うお店。僕も子供の頃から、母も祖父母も、三代通っているのが「伊勢屋」である。この店をひと言で、何屋と定義するのは難しい。お店の歴史を感じる佇《たたず》まい、店先のショーケースに並ぶのは、団子、おにぎり、稲荷、苺大福、おはぎ、草餅、ドーナツ、干瓢《かんぴょう》巻き……ガラリと扉を開けて中に入れば、ラーメン、キーマカレーとメニューがかかる。ひとつ言えるのは、この店が家の近所にあったらどんなに幸せかという事。

小学生の頃、土曜日の給食がないお昼には、伊勢屋のおにぎり、稲荷寿司、干瓢巻き、団子が並ぶ日が多かった。時々、お店で食べる、昔ながらの醤油ラーメンも本当に絶品なのだ。店内に並ぶものは全て手

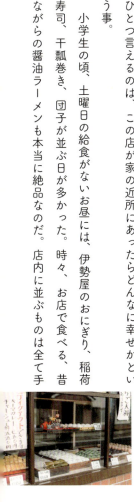

作り、団子もその日に食べないと硬くなってしまうのは、確かな味の証だと思う。いつまでたっても、やわらかいわけがないのだから。

ちなみに水戸駅から、タクシーに乗って伊勢屋の前でタクシーを降りて、少し時間が早かったので周囲を歩こうとすると、タクシーの運転手さんが車から降りて、伊勢屋に入って何かを買っていた。今日のお昼か、家族へのお土産なのだろうか、嬉しそうな顔で車に乗って、また仕事に戻っていった。

僕がいつも恋しくなるのは、きんぴら団子とおにぎり。

きんぴら団子は、その名の通り草餅の中にきんぴらが入っているのだ。その味は濃すぎず、薄すぎずで、塩梅《あんばい》が絶妙。もちもちしたやわらかいお団子と、しゃきしゃきとした歯応えのきんぴらの組み合わせは、あとひきだ。普通の団子や草餅は、どこの店にだってあるけれど、きんぴら団子は伊勢屋が手間暇かけて長年守っている唯一無二の味。作れる数に限りがあり、早く行かないと売り切れ御免、僕もたまに行っては売り切れなんてこともあるけれど、それは次回の楽しみが増えるというもので、皆様どうかへそを曲げないで頂きたい。

おにぎりは、お赤飯の醤油味版とも言える味。これも他所《よそ》ではなかなかお目にかかれない、しょっぱいのかと言われたらそんなにしょっぱいわけじゃない、こちらも塩梅がよろしい。昨今のフワッとしたおにぎりではなく、しっかりめの握り具合が懐かしい。お皿に盛られて出てきた、きんぴら団子とおにぎりを食べて、ホッとする。

お茶を飲みながら、客席に置かれたおてもとと、コショーの瓶が、どうもこちらを眺めているような気がする。壁にラーメンの品書き、店主の伊勢亀さんがキラキラとした笑顔で「近所に住んでいたなら、ラーメンもよく食べた？」と仰る、そりゃ食べましたとも。ラーメンを追加注文した。出汁《だし》もしっかりとって、焼豚も自家製のラーメンは、日本の伝統的な醤油ラーメンの見本のような一杯、あっさりと完食する。撮影が終われば、家人へのお土産を。頼んだものを手際よく包んでくれる様子、いつも見入ってしまう。再訪を誓い、店を出た。温かな見送りがいつまでも、心の中に残っている。

## 加寿美屋

さて、道路を渡って斜向《はすむ》かいにあるのが「加寿美屋」です。ここも、三代通っているお店。

僕の好きなお菓子は、オレンジとココナッツ。オレンジは、サクッとした生地の中に

みかんジャムが入っていて、そこに青海苔がふりかけてある。お菓子と青海苔、なんとも不思議な組み合わせではあるが、だからこそ食べたくなってしまう。ココナッツは、ほろほろとしたココナッツ生地の中にみかんジャムが入っている。三日月の形もなんだかロマンティックで、これもなかなかお目にかかれない味わい深いお菓子。僕には、子供時代のアルバムを捲《めく》るように話してくれる家族はもういない。だからこそ、こういう幼少期に家族と食べた味が、そういう役割を果たしてくれているのかも知れない。時々、無性に恋しくなって、食べると優しかった母方のおばあちゃんに会えたような気がして安心するのだ。

冷蔵ケースに目を向けると、懐かしいような、見ているだけで幸せな気持ちになるケーキがたくさん並んでいた。水戸に暮らしていた頃から、黒胡麻のシュークリームが好きだった。サクッ、ふわっとした食感、黒胡麻の香り高いたくさん詰まったクリーム。大きいけれど「黒胡麻は身体に良いからね」という、甘いものへの罪悪感に対する、自分への言い訳も成立。家業の会社にいた時には、手土産にもよく利用させてもらった。はじめまして、お疲れ様、ありがとう、ごめんなさい、様々な感情を含んで誰かの元へと届けては、助けられていた。ふわふわした、枕にしたら気持ちよさそうなロールケーキ

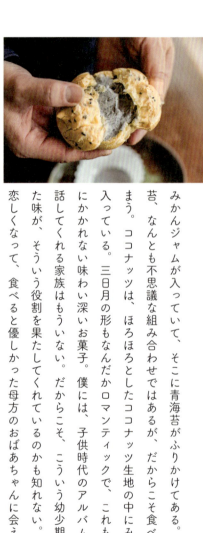

フルーツゼリー
いちごのショートケーキ

も美味しそう。母も好きで、僕もよく食べていたのは食パンにピーナッツバターを塗ってサンドしたもの。こういうものは、自分で塗るよりも、誰かに塗ってもらった方がずっと美味しい。今は、懐かしいと人気のシベリアやジャムロールも、ずっと作り続けている、懐かしい味わい。

最後に僕は、オレンジとココナッツの焼き菓子を袋いっぱいに購入。撮影している間も、お客様がひっきりなしにやって来る。美味しそうだなと眺めていた甘食はあっという間に完売。サンドイッチやパン、お菓子も次から次へと売れていく。窓から、伊勢屋に目をやると、あちらにも行列が出来ていた。加寿美屋のお菓子、パンは店主の鷺《さぎ》さんご夫婦らしい実直な味わいだ。

通りを挟んだ、僕の好きだったお店が、誰かの暮らしに根付き、愛されている様子を間近で見ることが出来て、嬉しかった。子供の頃に遊んだ公園で、遊具に乗ってお菓子を食べた。すぐそばに見える、子供の頃に通った歯医者さん、先生はまだ元気かな？

## ぬりや 泉町大通り店

子供の頃、父の帰りはいつも遅かったけれど、ときどき母が遅くなるような日に、父と二人で食事に出かけた。そういう時に出かけるのは決まって「ぬりや 泉町大通り店」だった。

ちなみに、先程の伊勢屋と加寿美屋エリアは、下市《しもいち》、水戸芸術館や京成百貨店、ぬりやがあるエリアは上市《うわいち》と呼ばれている。これは明治時代に市制町村制が導入され、水戸市が誕生する前の地名に由来している。僕の家は下市に近く、上市へ行くには、高架道路を通って行く。緩やかな坂を登り、大きなカーブを描く辺りで見える空や街の景色が好きだった。普段あまり顔を合わさない父親と二人で向かう車の中は、気まずさがあった。何を話したらいいのかな、何か話しかけてくれたら良いのにと思ったものだったが、今なら理解できる。あの時、父親だって何を話していいか分からなかったのだ。しかし、鰻があれば心配ご無用。「美味しいね」と、自然と笑顔も会話も溢れてくる。水戸に暮らす人の、お祝いやご馳走と言えば、ここの店。僕も水戸にいる時、

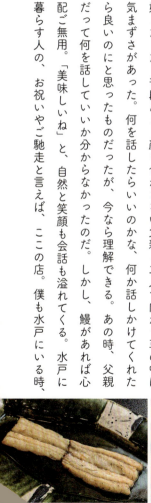

遠方から来る友人を連れて行く自慢の店は、ぬりやだった。

最初に鰻の白焼きを頂いた。子供の頃にはこの白焼きの美味しさが分からなかった。わさびをつけて頂くと、格別な美味しさがある。日本酒をきゅっといきたいところだけれど、あいにく僕は下戸。余韻を楽しみながら、美味しい漬物を食べているうち、お待ちかねのうな重が運ばれて来る。蓋を開けると思わずにんまり、見るからにふっくらとした鰻が現れる。

間髪をいれず、箸を入れて一口頬張ると天にも昇る美味しさだ。肝吸いも上品に仕立てられ、名脇役として一層の満足感を与えてくれる。華やかな香りの風味も一級品な山椒と頂くと、あっという間に完食。もう少し食べたいなあと思いながら重箱の蓋を閉め、お茶を頂いた。代々守ってきた、ぬりやの暖簾が誇らしく感じられた。タクシーに乗り込み、まごまごと行き先を伝える我々が走り去るまで、小雨のなか三代目の廣瀬新太郎さんが見送ってくれた。まだまだ、ぬりやの味を楽しむことが出来そうで晴れやかな気持ちになった。

母が亡くなり実家を手放したのは、2015年のこと。それからは、日帰りで気まぐれに水戸を訪れている。懐かしいお店に行ったり、野菜や魚を買ったりしに。2020年にパンデミックが起きて、飲食店は大変な苦境に立たされた。そのような状況の中、今回訪問したお店の暖簾が今日まで守られてきたのには、それぞれのお店の努力、築き上げたお客様との信頼関係があってこそだと、お話をしながら改めて感じた。当地、有名なのは水戸黄門であるが、第九代藩主の徳川斉昭公が重んじた「一張一弛《いっちょういっし》」つまり〝時には厳格に、時には寛容に生きるべき〟という儒学の思想は、時代や環境の変化に適応して生き抜いていくのには重要な教えなのではないかと受け止めた。斉昭公が創設した弘道館における、学びの精神が今も脈々と水戸の人々には受け継がれているのではないだろうか。店主の顔を思い浮かべながら、そんなことを思った。

## カルマ

学生の頃から知っている、カレーのお姉さん、インドが大好きな「カルマ」のりつ子さん。

初めて会った時は、僕が高校生くらいだったんじゃないかと思う。本格的インドカレーが流行する前から、水戸に存在した有名なインドカレー屋さんで彼女は働いていた。も

ちろんお店側とお客さんの関係だから、はじめましてみたいな挨拶があったわけではない。ただ、気がついた時にはカレーのお姉さんという認識だった。広いお店には、何人も働いていたけれど、彼女のキリッとした印象やどこか頼れる感じ、テキパキとした対応が印象に残っていた。

そのお店に彼女の姿が見えなくなって、自然と足が遠のいてしまった。僕が家業の建設会社で働き出した頃、お世話になっている方が「美味しいインドカレーのお店があるから」と、連れて行ってくれたお店が、移転前の「カルマ」だった。広いお店のような気がしていたけれど、改めて話をきいたら車一台分くらいのスペースだったと言うので驚いた。店内の装飾やメニューに音楽、随所からインドの空気が感じられた。時々、彼女がお店を閉めてウキウキとインドへ出かけていく様子を羨《うらや》ましく思っていた。当時の僕は毎日、スーツにネクタイ、建設会社の跡取りとして、誰かの目を気にしながら、やりがいはあるけれど自由のない窮屈な毎日を送っていた。インドから帰ってきた後に作ってくれるカレーは、またひと味違うような感じがして、好きなことを仕事にするという人生もあるんだなと、思ったものだった。

現在の場所に移った頃、友人と訪れたが、僕は新島で宿を始めるのに水

水戸

戸を離れてしまった。それはもう、15年くらい前になるんだろうか。少し前にNHK・Eテレの「人と暮らしと、台所」という番組に僕が出演したあとに、りつ子さんから「テレビを観て活躍している様子が嬉しかった」ということが記されたメールを頂いた。しばらく会っていなかったけれど、母とも縁のある人がこうして僕の現在を喜んでくれていた事が、嬉しかった。この取材を始めた頃、いつか水戸のお店を取材したいと言っていた時、僕はカルマの名前を挙げていたから、縁があるんだと思った。インドが好き、カレーが好き、私はその好きの中で生きていくんだというりつ子さんの生き方が、今の僕にも少なからず影響を与えてくれていたと思っていた。

お店に着いて、久しぶりの再会をした時、あまりに嬉しくて二人で抱き合って喜んだ。いつもよく食べていたカレーは、マイルドチキンカレー、豆のカレー、他にもエッグカレーや野菜のカレーも食べていたなとメニューを見ながら思い出した。チキンカレーは、優しい味わいの中にしっかりスパイスが効いて美味しい。豆のカレーは、毎日でも食べたい滋味深い味。全粒粉のチャパティは、カレーとの相性が良いのはもちろん、粉の香ばしさが良い。窓辺の席に座り眺める景色はどこか懐かしい。キッチンでりつ子さんがチャイを用意してくれているスパイシーな香りが、まだ見ぬインドの雑踏へと誘ってくれるような気がする。

「インドにまた行きたいけれど、今は猫5匹と暮らしているから行けないのよ！」と、彼女は明るく笑っていた。僕は、出会った頃から、高校生、専門学校生、家業の建設会社勤務、カフェ経営、島で宿を運営、養子に入って苗字も変わり、料理家、執筆家と今に至る。「その間、私はずっとカレーを作っている」と言っていたが、僕は同じ事がずっと続けられない、続けたいと願っても途中で大きな力が働いて、何だかよく分からない別な道に進んでしまうのだ、だから一つのことに向き合い、日々の研鑽を積み重ねていく人には敬意を抱いている。カルマには、味にも、メニューにも、空気感にも、そういう厚みがある。また改めて、ゆっくりカレーを食べに来て積もる話をしたいと思い、再会を約束してタクシーに乗った。

## アメリカ屋

家人であり、パートナーである英治さんと水戸へ出かけ「水戸に住んでいた頃、行っていたレストランある？」と尋ねられると、彼が好きそうな事もあり名前をよく挙げるのが「アメリカ屋」だ。クリント・イーストウッドが、テンガロンハットでも被《かぶ》って出

てきそうな、本格的な造りのログハウス、広々とした店内に高い天井、窓の外には開放的な庭が広がり、水戸じゃなくて遠くアメリカの片田舎にでも、来たような感じがしてしまう。

水戸に住んでいた頃、この店には色々な人達と来た。子供の頃に両親と一緒に来た事もある、父が亡くなった後も、母と二人でよく訪れた。友人や会社の人達、親戚一同から仕事上での付き合いのある方達とも、とにかく老若男女誰もが好きなお店、人数が多くても入りやすいのも魅力。あの人、この人、色々な思い出が蘇る。考えてみると、家族3人でよく食事をしたお店が今でもちゃんと存在しているのは、このお店くらいかも知れない。

隠れた名物はサラダバー、自家製の手の込んだサラダやフレッシュな野菜から、フルーツやデザートまで並んで、ドレッシングまで数種類。ツナ大根、パスタサラダが僕のお気に入り、野菜にかけたドレッシングとちょっと味が混ざるのも美味しい。

そしてメインのお肉は国産牛100％を使用した「ワイルドビーフハンバーグ」が人気メニュー、牛挽肉だからレアな火入れ、ふわっとした食感と、しっかりとした旨味が魅力。ごはんとも、よく合う。鉄板にのせられてジュウジュウ言いながら登場し、ソースをかけると一気にジュワーッと盛り上がり、や

がて静寂が訪れると、食べ時。ポテトや付け合わせの野菜、下に敷いてある玉ねぎと食べ合わせながら、軽やかに食べられてしまう。嬉しいことにサイズも選べるので、お腹が空いている時にはぜひ、大きなサイズにチャレンジ。

庭先のバーベキューが楽しめる小屋で、会社の懇親会や友人達を集め貸切でバーベキューパーティーをした思い出も蘇った。橋本店長はじめアメリカ屋のスタッフは、いつも感じが良くて誠実な方ばかり。それゆえに平成元年のオープン以来、ずっと人気である。今日も開店時間になると、お客様が次々に入店されていた。

それからエアーズロックと名付けられたメニュー「国産牛もも肉500g」の塊肉を焼いて頂いた。他にも、オーストラリア産のリブロース、ニュージーランド産のランプもチョイス可能。客席に向かいガラスに囲まれた焼き場の様子を眺めていた、お肉を食べに来る側にとっては嬉しいけれど、ここでお肉を焼き続けるのも大変だと頭が下がるが、客席を見渡す事が出来て、お客様の喜ぶ顔が見えることは幸せな環境なのかも知れない。焼き上がりを見せて頂くと、急いで着席してお肉の到着を待っていた。

運ばれてきた塊肉を切り分けて頂くと、綺麗な色目に焼かれていた。ハンバーグを食べたにもかかわらず、お腹がキュウッと鳴ったような気がした。頬張ると、しっかりとした旨味があって力が漲《みなぎ》ってくる感じがした。ハンバーグとは、違う魅力がここにもあ

る、やっぱり人生にはスタミナが必要だ。ハンバーグが食べたい、ステーキが食べたい、塊肉が食べたい、そう思った時にアメリカ屋が近所にあるのは贅沢である。何せ、サラダバーで野菜もたくさん食べられるのだから。

食後にサラダバーに並んでいた本日限定の、ティラミスを頂きながら、コーヒーを飲んだ。皆さんにお礼を伝え、さあ帰ろうかと思った時、何故だか水戸の実家への帰り道の様子が頭に浮かんだ。故郷だものねえ、今はこの地で静かに眠っている両親へ夜空に向かい「また来るね」と心の中で告げたのであった。家を出る時、今日はごはん作れないかもと言いながら出かけたけれど、帰りの電車ではお腹いっぱいだけど、たくさんの水戸土産を抱えていたから、今日のことを伝えながらこのお土産を食べさせてあげたいと、家人や近所の友人に声をかけ、食卓を囲んだのであった。

駆け足でまわった、〝僕が生まれ育った街、水戸の忘れられない味〟。伊勢屋、加寿美屋、ぬりや泉町大通り店、カルマにアメリカ屋。どのお店も、本当に温かみのある対応をして下さったことが嬉しかった。共通して言えるのは「お客様に美味しいものを食べてほしい」という気持ちが溢れていること、手間暇惜しまぬ主人の心意気。皆さんも、是非一度お出かけ下さい。僕もまた改めてお礼を兼ねて、それぞれのお店を再訪したいと思っています。

十銭屋
水城高等学校吹奏楽部
第1回 定期演奏会
(金・祝)
EST. 1927
Strand Books
EVERY DAY IS A NEW DAY

思い出の滲む老舗

## 人温かく懐深く、居心地のよい銀座の老舗西洋料理店

### 煉瓦亭（東京・銀座）

大正生まれの祖父が、苦心の末に建設会社を一代で興し、父に社長職を譲り、会長に退いてから患った、甲状腺癌の治療で浜松医大へ出かけた帰り道。混雑する夕暮れ時の東名高速から首都高に入った辺りで、祖父が「要君、美味《うま》い洋食を食べて帰らないか」と、ポツリと言った。

祖父は、良い店へと仕事では立場上出かけるものの、大正生まれの戦争経験者、苦労の連続の人生だけに財布の紐は非常に固かった。何度かの手術を経て、今回は独房のような病室での放射線治療、さすがにこたえたのだと思う。普段ならば、蕎麦やうどんで済まされるが、僕への気遣いもあったのかも知れない、銀座に車で向かい、お店の前で祖父を先に降ろした。よく考えると、それが僕の初めて訪れた「煉瓦亭」だった。

祖父はカツレツ、僕はカニコロッケを食べた。おじいちゃんと孫という関係性ではなく、会長とぺいぺいの間柄、不在の間にあった報告事項も車の中で既に済んでしまっていたので、特に会話もないままぼんやりと時間が過ぎた。

テーブルに運ばれて来たカツレツを一口食べた時、祖父が「美味いなあ」としみじみ言った事を記憶している。新聞配達をしながら、東京で建築の学校へ通い、大手ゼネコンに勤務していた若き日の祖父にとっては、煉瓦亭は憧れの店だったのかも知れない。誰かとデート、或《ある》いは同僚や友人と

Rengatei

来たのだろうか。その時は聞けなかったけれど、きっと楽しい思い出があったに違いない。

その数年前に父が先に突然亡くなり、ゴルフ三昧で悠々自適に過ごせるはずが、思いがけず始まった闘病、もう少し会社の代表として現役でいなければならなくなった事は、当時は自分の事に必死で、思いやる事が出来ていなかったけれど、今となっては、僕よりも苦しい立場だったと想像する。食べ終わって「さあ帰るか」と杖に力を入れて立ち上がる時に、祖父は珍しく笑顔を見せた。その時だけは、おじいちゃんと孫という空気が流れて、僕は嬉しかった。

それから十数年、僕は会社を離れて、すっかり取り巻く環境も変わった。しばらく訪れずにいたけれど、休日にパートナーと銀座を散策する折に出かけるようになった。僕は何でも決めるのが早く、即断即決に定評がある。飲食店でも、店員さんを煩わせないように、スマートに注文する事を心掛けているのだが、煉瓦亭に関しては、毎回メニューを眺める度に悩んでしまう。

特に一人で出かけた時など始末が悪い、カニコロッケ一択のつもりで店の扉を押すが、席に着いてメニューを開くと、エビフライ、ローストチキン、メンチカツ、カツレツ……と頭の中がぐるぐると巡ってしまう。懐かしいさくらんぼの入

った酸っぱいレモンスカッシュ、正統派の野菜サラダは必食である。しかしパートナーと出かけるとたくさん食べられるので心強い、カニコロッケ、ハンバーグ、グラタン、ハムライス、野菜サラダ、ずらりと並んだご馳走感、テーブルが賑《にぎ》わうのは嬉しい。

一階の常連さん向けとなっている席をお借りして、撮影をさせて頂いている間にも、改めて老舗の奥深さというものを再認識した。

ベテラン店員Sさんは、お客様を案内し、お会計も担当、我々の話にも付き合いながら、電話をとると発注の内容にも即答、他にも色々な事をテキパキ進める姿は、正にプロフェッショナル、何役もの立ち回りに感心。お隣の席には、毎週通われているという、80代の紳士が煉瓦亭四代目の木田さんと談笑しながら、美味しそうにカツレツを召し上がっていた。僕らにも気軽に声をかけて下さり「カニコロッケの取材？僕は食べた事ないなあ、ここのカレーも美味いよ」と言う、語り口にはこのお店への愛着が滲《にじ》み出ていた。銀座というと、ちょっと敷居が高くなりそうだけど、気取りがなく下町とはまた違う都会的な程よい距離感、そしてカラッとした温かな人情味が心地よい。創業１２８年といえば、明治、大正、昭和、平成、令和と、戦争や震災も乗り越えて、代々蓄積されてきた懐の深さなのだと感じた。

日本の洋食の元祖と言える「煉瓦亭」、今となっては定番となっているメニューや様式も、ここが始まりと言うものも数え上げたらキリがない。そして洋食は実に手間がかかる料理だ。コンソメやデミグラスソース、他にも色々、伝統の味を守る攻防に頭が下がる。街の洋食店が消えていくのは、やはり手間が大変だという事をよく耳にする。食べるのは一瞬、だけどその為に、どれだけの手間がかかっているのか、もっと味わって食べなくてはと思った時には、最後の一口を飲み込んで、皿はすっかり空になっていた。

僕がやがて80代になって、一階の席に通してもらいながら「昔の銀座はこうだったんだよ」なんて話が出来るように、次の五代目に期待を抱きながら、もっと通わねばならないと思っている。次に行ったら何を食べようかと、メニューを改めて思い返しながら、普段頼まない仔牛のカツレツにも惹《ひ》かれている。しかしオーダーをする瞬間まで、思い悩むのも、また楽しいものである。皆様も、ぜひ老舗の洋食をご堪能下さい！

思い出の滲む老舗

# 安心の居場所を思い出させる街の正統の天ぷら

## 花むら（東京・赤坂）

## 花むら

子供の頃から天ぷらが好きだ。
ごく身近な食材が、衣を纏《まと》い、油の中に潜ると、特別なご馳走になる。
亡くなった母は、高校を卒業して上京、赤坂にある短大へ通っていた。美人だった事もあり、化粧品のキャンペーンガールに選ばれると、モデルの仕事もはじめ、華やかな青春時代を過ごしていた。地元には戻らず、そのまま都会で楽しく暮らしたかったのだと想像するが、父と結婚して地元に戻った。人間関係の狭い地方都市での暮らしに息が詰まると、母は小さな僕の手をひいて、東京へ出かける事が多かった。ただ街を歩いているだけでも、きっと気分が変わるのだろう。その中でも、赤坂の街を一緒に歩いた記憶が、印象に残っていて、ニューオータニ、TBSのトップス、虎屋、しろたえ、そしてこの「花むら」で、お昼によく天ぷらを食べた。移り変わりの激しい東京の街で、どのお店も健在なのは嬉しいこと。
玄関で靴を脱いで、階段を上り、掘りごたつ式のお座敷カウンターは、大人だけではなく、子供にとっても居心地が良かったのだと思う。家でおばあちゃんの揚げていた天ぷらとは、一味も二味も違う、美味しい天ぷら。カウンターにちょこんと座り、ご主人が揚げる様子を見ているのも楽しかった。そんな思い出を三代目のご主人に話していると、子供の頃から来ているお客様も多いと言う。このお店を創業した初代は、明治24年

神田に生まれ、新聞記者を経て大正12年、上野広小路にお座敷天ぷら「花むら」を開業。当時の上野広小路は、今とはまた趣が異なり、色香のある街であったに違いない。赤坂に移って現在の場所も、にぎやかな通りから、ひと呼吸おいた路地裏というのは、舞台選びが良く、何とも風情がある。

　カウンターに座り、突き出しの胡麻和えを頂いているうちに、才巻えび、紫蘇を巻いたイカ、きす、みょうが、なす、めごち、南瓜、穴子。王道のラインナップを楽しんだ。これが一番美味しかったと、お伝えしたいところだけれど、おいしいおいしいと食べ進めてしまって、どれか一つに決める事が叶わず。あの時に戻って、もう一つ揚げましょうかと言われたら、「穴子」と答えたい。

昨今のお店では奇を衒うようなものが揚がっていたりするけれど、そういうお店の天ぷらはどこかとがった味がするように思う。しかしこちらは、まるみのある天ぷら、するすると食べてしまう。たっぷり供される大根おろし、天つゆとの相性が良い。最後にかき揚げを天茶で頂いた。天丼の選択肢も、魅力的。一通り食べても胃が軽やかなのは、天ぷらの奥義と言えよう。

# 花むら

食後のデザート、四代目となる双子のご兄弟のお手製、黒砂糖の冷菓子が供される。後味がすっきりとしていて、食後のデザートとして、気が利いている。先日、訪れた際には、抹茶の味で、そちらも美味だった。お二人は子供の頃から、天ぷら屋になると決めていたそうだ。僕は兄弟がいない一人っ子、ないもの強請《ねだ》りで、どこか兄弟への憧れがある。そして双子の心理というのが実に興味深い。いつか、双子でイタリアンのお店をやっている友人達を、ここへ連れて来たいと思った。

　母が亡くなったあとに、小さな頃の記憶に残るこのお店の情景を懐かしく思い返し、赤坂の街を歩いて久しぶりに再訪した時、変わらぬ佇まいでとても安心したのは8年ほど前の事。父が早くに亡くなってから、母一人、子一人の人生だったので、母が闘病の末に亡くなった時、ひどい喪失感があったけれど、子供の頃に母と過ごした時間や一緒に食べた天ぷらが、確かにこのお店にあった事で、僕は随分と救われた。きっと長年通うお客様の中にも、天ぷらの味、その変わらぬ佇まいに救われている方が、たくさんいらっしゃるのではないかと思う。そういうお店が身近にある事は、とても幸せだ。

　これから初めて訪問する方にとっても、子供の頃に可愛がってもらった、親戚の家に遊びに来たような、どこか懐かしい安心感が、花むらにはある。店先に出ると看板猫の姿が見えた。いかにも、美味しいごはんを食べているという、艶《つや》の良い毛並み。さきほ

どまで真剣な眼差《まなざ》しで天ぷらを揚げていた、ご主人の顔もゆるみ、猫の声も甘くなる。
養親の姉妹は、60年代から70年代にかけて東洋一のナイトクラブと呼ばれた「ニューラテンクォーター」へよく出かけたそうだ。フランク・シナトラ、ナット・キング・コールも、そこで観たと言っていた。名前は伏せるが、昭和の著名な文化人達とダンスを踊ったという話を懐かしそうにしていた。「彼が手を挙げると、バンドがお決まりの曲をやるのよ」と、うっとりとした表情を浮かべる。あちらのお客様からですと、著名な俳優さんから、フルーツ盛り合わせをテーブルに頂いたとか、まるで映画のワンシーンのようなドラマティックな時代。そんな華やかな、赤坂の思い出を語る時、花むらの話もしていた。僕が天ぷらを食べに出かけた話をすると「良いお店よね、懐かしいな」と目を細めていた。

昼の赤坂を歩いていると、似つかわしくないダンプカーが多く行き交い、工事現場の多い事。気がつくといつの間にか、大きなビルが建っている。どこも同じような景色になってしまう、東京の街を憂いつつも、「花むら」のようなお店がある事は、希望でもある。勝手な客のわがままを申せば、このまま変わらずあって欲しいと願うばかり。

毎年夏になれば穴子の美味しい季節。願ったからには、足繁く通わねばならない。皆様もぜひ、お出かけ下さい。

思い出の滲む老舗

# 変わりゆく街の変わらない精神の名店

## スンガリー 新宿東口本店（東京・新宿）

KABUKICHO BLUE FESTIVAL
Русский ресторан
СУНГАРИ
スンガリー
СУНГАРИ

ロシア料理に、あまり馴染みがなかった。養親となった姉妹の姉が得意とした料理の一つが「ボルシチ」だった事もあり、この数年で急に身近な料理となった。

ボルシチの作り方も、作る人の数だけあると思うけれど、姉のレシピは、牛スジと香味野菜をじっくりと煮込む。いつも大きな寸胴にたっぷりと作っているうちに、本人はすっかり満足してしまうらしく、食べるのは主に僕である。サワークリームをつけながら、何日も食べなければならなかったのも、彼女が病院で暮らすようになった今となっては、良い思い出だ。

もうすぐ90歳を迎えようという、彼女の若い頃の話を聞いていると、レストランの主流は今のようにフレンチ、イタリアンよりも、ロシアやドイツといった国々の食文化が、身近な存在としてあったのではないかと感じた。若き日の思い出話には、ロシアやドイツにルーツがあるようなお店の名前が何軒も挙がっていた。

ある時、テレビを観ながら姉と話していると「加藤登紀子さんのご実家もロシア料理屋さんよ、私達も何度も食べに行ったの。近いし、今度食べに行ってみたら?」と勧められた。それが「スンガリー」との出会いである。

新宿東口、歌舞伎町の大勢が行き交う通りから、細い階段を降りた先には、まるで時空を旅して辿り着いたかのような、別世界が広がる。アーチ状になった天井、まるでオ

スンガリー
新宿東口本店

リエント急行の食堂車のような佇まい、ショーン・コネリー時代のジェームズ・ボンドか、デヴィッド・スーシェの演じる名探偵ポワロが出てきそうな雰囲気、僕が憧れる世界観だ。扉を開けると、いつもスンガリーはあたたかく迎えてくれる。

ロシア料理と言えば、ビーツの色が特徴的なボルシチ、ピロシキ、キエフ風カツレツ……と思い浮かぶだろうか。たくさんの料理名が並ぶメニューを眺めると、そのルーツはロシア、ウクライナ、ジョージア（グルジア）、ウズベキスタンと縦断している。複雑さを極める政治的な思惑とは裏腹、それぞれのルーツとなる食文化はこうして食卓で一つに結ばれているのだと感じて、遠い空の下の誰かの食卓を思う。

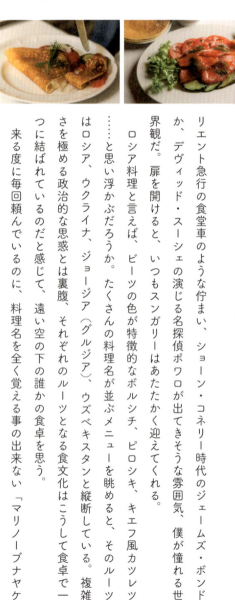

来る度に毎回頼んでいるのに、料理名を全く覚える事の出来ない「マリノーブナヤケタのブリヌイ包み」は、スンガリーに訪れたなら絶対に外せない一品。

この料理を簡単に説明すると、自家製のフレッシュサーモンマリネを、ピクルスやハーブ、野菜とともに、ブリヌイ（薄いパンケーキ）で包んだものに、サワークリームを添えながら頂く料理。供される際、先ずは具材がのせられたお皿がテーブルに運ばれる、サーモンと野菜の色合いのコントラストが美しい。「お取り分けしてからお持ちします」という、ひと手間のサービスがレストランで食事を楽しむ醍醐味と言える。一人分に取り分けてもらったお皿が登場すると、華やかな気持ちになり、食事がスタート、この自

家製フレッシュサーモンマリネが、本当に美味しい。ハーブの風味と共に、いくつかの食材を組み合わせて食べるのは、日本の食文化に近い感覚だと思う。

レモンバターソースで仕上げた、ペリメニはあっさりとして美味しい。具合が悪い時でも、いくつでも食べられそうな気がする。

お馴染みのピロシキは、揚げピロシキと、珍しい焼きピロシキも選ぶ事が出来る。どちらも人気メニューなので、遅い時間に行くと、売り切れである事も多いが、子供の頃に食べたピロシキとは、雲泥の差の味わい。2人で半分ずつ、なんて思っていると、ついつい独り占めしたくなる美味しさ。揚げたものよりも、軽い仕上がりとなる、焼きピロシキが僕の好み。

ゴルブッツィ（ロールキャベツ）も、久しぶりに食べた。ナイフを入れると、キャベツの繊維を微塵も感じる事のない驚きの柔らかさ。これは、じっくりじっくり低温で火を入れた結果。濃厚なトマトクリームのソースと、相性が良い。宿をやっている頃、キャベツの美味しい季節に、ロールキャベツをよく作った。キャベツを茹でる事に始まり、簡単なようで手間がかかるメニュー。自分で作っても、それはそれで美味しいけれど、キャベツの繊維感をしっかりと感じる仕上がりで、こんなに柔らかくは

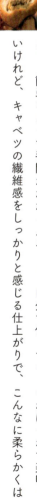

スンガリー
新宿東口本店

ならない。そして、あゝもうロールキャベツを家で作るのはやめようと心に決めた。家ならば、余ったソースをパスタに絡めても、美味しそう（スンガリーはお取り寄せも可能です）。

飲み物のメニューも充実している。ジョージアのワイン、ロシアのウォッカやビールも豊富に揃っている。僕は残念ながらお酒を嗜《たしな》まないので、毎回アイランをお願いしている。アゼルバイジャン式自家製ヨーグルトドリンク、甘さのないスッキリとした飲み口。ノンアルコールドリンクも、たくさん種類があり、十分に楽しませてくれる。

食後の楽しみは、ロシアンティー。紅茶に、薔薇ジャムや自家製のいちご、チェリーのジャムなどを合わせて楽しむ。紅茶に溶かすのではなく、ジャムをお菓子のようにして楽しむのが、スンガリースタイル。果実感のしっかりとしたジャムはとても美味しいので、溶かすのは勿体ない。もちろん、食後酒もしっかりと楽しめる。注文の際にはテーブルに備えられた、シガレットケースを開くとボタンがあって、スマートにオーダーが可能。こういうものをシガレットケースに隠したのは、何とも粋な演出だと思う。

今から66年前（2023年取材当時）、旧満州ハルピンから終戦と共に引き揚げてきた家族の思いと共に、スンガリーは開業。今の新宿東口本店は、約50年前に誕生。すぐ側《そば》のコマ劇場と共に賑わいを見せた。変化し続ける歌舞伎町の景色を、この店は見守っ

てきた。新たなランドマーク、東急歌舞伎町タワーも誕生し、この街はどう変化していくのだろうか。加藤登紀子さんが歌っている「さくらんぼの実る頃」が、入り口の階段を降りているうちに、僕の耳の中に流れてくる。恋の辛《つら》さや、儚《はかな》さを歌ったシャンソンの名曲だが、本国フランスではパリの労働者革命における追悼の思いも含まれて、歌い継がれているのだとか。僕には、今の世界情勢を憂う歌にも聞こえている。

取材の際、代表の加藤暁子さんにもお会いし、お店が誕生した背景や、ロシアやウクライナにおける食文化についてもじっくりと伺う事が出来た。野菜を塩漬けやピクルスに加工、保存の技術が長けている事、お漬物文化のある日本と共通する食文化に親近感が湧く。僕らは、美味しい食事を毎日、平穏な環境で食べている。その事がどれだけありがたい事なのか、ボルシチを味わいながら改めて感じた。

このお店に入った時に感じる安心感は、創業者の思いが今も脈々と受け継がれているからに違いない。今日も、食卓から世界の隅々まで、平和を願わずにはいられない。皆さんも、ぜひ「スンガリー」へお出かけ下さい。

スンガリー
新宿東口本店

# 美味しくて、優しい台湾料理の店でくつろぐ安心感

思い出の滲む老舗

## 青葉（東京・新宿）

「ああ、いつもの麻生さんね」
予約の電話をした時、そう言ってもらえるだけで、なんだか嬉しくなってしまう。僕の定期的に帰りたいお店、歌舞伎町「青葉」である。

初めてお会いする方に「今度、青葉に行こうと思っています」と言われたり、友人からは「青葉に来たよ」と写真が送られて来たりする。まるで僕が関係者であるかのように。最初は、家人と2人で行っていたけれど、一緒に行きたいという人も増え始め4人、大勢でガヤガヤ円卓を囲むのも楽しい。台湾料理はどこか懐かしい味わいで親しみやすく、特に青葉の味や雰囲気は、家庭的な優しさやいたわりがあると思う。メニューもたくさん種類があって、野菜が食べたい、肉が食べたい魚介がいい、様々なニーズに応えてくれるのも、頼もしい。

僕らの世代だと、台湾料理にはあまり馴染みがない。しかし、養親となった高齢姉妹と暮らすようになってから台湾料理がグッと身近な存在になった。昔は、当家のある千駄ヶ谷にも、台湾出身の方が近所に多く暮らしており、食卓の行き来もあった。そして彼女達行きつけの台湾料理屋にはよく志賀直哉がいて、会うと奢《おご》ってくれたのよと嬉しそうに言っていた。「わたし、若いとき美人だったからね」と機嫌良く話しながら、焼ビーフンを作ってくれた。「台湾料理って中華とはちょっと違って、懐かしい感じがして美

特選陳年紹興酒
ボトル
¥3,000

味しいのよね」。そのビーフンには、キャベツやピーマン、干し海老、ひき肉、錦糸卵がのせられ、とても美味しかった。どんどん台湾料理が身近になっていった時、ある雑誌で菊地成孔さんが「青葉」を薦めているのを目にする。ずいぶん前に誰かに連れられ出かけた事を思い出して、ある晩に家人と出かけて行った事から、頻繁に出かけるようになった。

歌舞伎町に来る事は、ほとんどないので、目に映る景色は新鮮である。あんまりキョロキョロしてはいけない、緊張感を持って早歩き、ビルの地下に降りて店の扉を開けてホッとする。喫茶店か、ナイトクラブの名残だと思っていたレンガを多用した内装は青葉開店時のもの。台湾にはレンガを使った建物が多くあり、それをイメージしたのだとか。今時の飲食店のスッキリとした内装では感じることが出来ない、重厚な安心感。店内の装飾や調度品も、1968年の開業の頃からほとんど変わらず、時代の変化を見守ってきた。早めに予約を入れると、入り口の看板に「麻生様」と名前を書いてもらえるのも嬉しい。だからと言って、書かれていなくても、落胆したりはしない。

「前菜盛り合せ」は、毎回最初に頼む我が家の定番中の定番。

焼豚・蒸し鶏・クラゲの冷菜・ピータン・白菜甘酢がのっている。僕は色々なお店で、前菜の盛り合せを頼むのが好きだけど、お店によって、焼豚の味がもっときつかったり、

蒸し鶏が塩っぱかったり、クラゲが酸っぱかったり辛かったり。青葉のそれはピータンは癖がなく食べやすい、白菜も脇役としての存在感を心得た加減。好みもあると思うが、僕には味の調和が良い一皿。是非、食べて欲しいと思う。

「干し豆腐　セロリ、肉、スルメの客家《ハッカ》炒め」

毎回、干し豆腐……と簡単に頼んでしまうのだが、メニュー名にある〝客家炒め〟という言葉を改めて調べた。現地の表現だと〝客家小炒〟。客家料理について簡単に説明をするなら、中国大陸の華北地方に起源を持つ人々が、時代の流れの中で台湾を含めたアジア各地に移住し、困難な状況の中で暮らしや文化を守っていく過程で、食事は干し豆腐やスルメといった保存性の高いものが多用されていった中で形成された、伝統的な料理である。その解釈については様々あり、これを機会に学びたいところだが、難しい事を抜きにすると、僕は青葉で頼んだこの料理で、初めて干し豆腐を美味しいと感じた。

餃子や焼売、大根餅、色々ある点心の中、毎回決まって必ず頼むのがニラ饅頭。ニラの香り、風味があって素朴な美味しさ。メニューには2個と表記されているが、人数に合わせて数を調整してくれる。「5人だから5個ね」自然にそう言ってもらえるだけで、

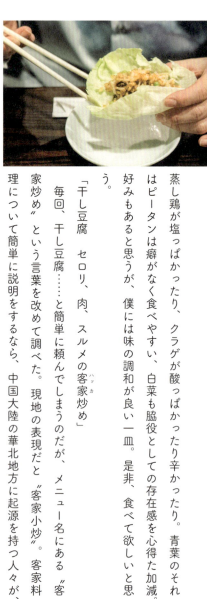

嬉しくなる。もちろん、提供の仕方とか状況によっては、そういかない事だってあると思うけど。

鶏挽肉とエビを炒めたものと、揚げて砕いた春雨を調味料で和え、食感の良いレタスに包んで食べる料理。恥ずかしい話、今回取材の際に初めて、食感が良いのは揚げた春雨だという事に気が付いた。僕が本当に好きな料理は、何も考えずに食べている。青葉に来たならば、絶対に頼んで欲しい一皿。

スープもたくさん種類がある、台湾料理らしい魚団子スープ、干し貝柱スープ、懐かしいコーンスープ、アワビにフカヒレまで。しかし、いつもこの滋味深い冬瓜スープを頼んでいる。あっさり仕上げられその塩梅《あんばい》は絶妙、完成度が高い引き算の料理だと僕は思う。ちなみに、風邪をひきそうな時には、朝鮮人参と烏骨鶏のスープという選択肢も良い。

ルーローハン、おかゆ、ビーフン、様々な選択肢があって、2人の時は麺かごはんかで悩み、何人かの時には両方。どちらの場合でも五目炒飯率が高めです。奇を衒らわない炒飯は安心して、誰もが美味しいと感じる仕上がり。

慣れ親しんだ味、次々に運ばれてくる料理をぺろりと食べた。食

後に頂いた仙草ゼリーは、仙草の香りがしっかりありながらも食べやすい味で、口の中がスッキリした。

ゆったりとした間隔の客席はどこに座っても落ち着きがあり、100人は入れそうな広い店内、年末年始以外には定休日もなく、営業時間でさえあれば、いつだってここに来れそうな感じがする。少し大袈裟に聞こえるかも知れないが。このお店が近くにあるというだけで、僕は東京で安心して生きていける気がしている。何かあっても、青葉に行けば大丈夫。このお店にかかわらず、飲食店との関係性には、そういう力があると思う。何度も訪れるうち、大きな円卓を友人達で囲み、その輪の中で赤ちゃんをお店の方達があやしている様子、台湾から日本へ来たと思われる若者達が懐かしそうに料理を食べている様子、細かな事情は分からなくても、訪れる人達の心の拠《よ》り所になっているような場面を何度も目撃した。その度に、僕も同じ気持ちです！と心の中で思った。青葉がこの先も、変わらずここにある事を切に願っている。

年末年始はもとより、仲の良い友人達との大人数の会食、そんな時には、是非「青葉」へお出かけ下さい。僕もこの原稿を書きながら、手帳を開いていつ行こうか、誰を誘おうかと思案中です。

思い出の滲む老舗

# 大川の流れに思いを馳せる老舗の鰻の味

駒形 前川 浅草本店（東京・浅草）

「鰻は前川よねえ」

養親姉妹の姉が、たばこを燻《くゆ》らせながら言ったのを覚えている。

彼女の父親、文芸評論家の大井廣介も、この「前川」へよく出かけたそうだ。

都心に戦火が迫った頃、我が家には大きな防空壕があって、その中には洋酒がたくさん隠し置かれていた。いよいよ東京を離れるかという前日、盛大にカクテルパーティーをしたとか。随分、呑気な話だけれど、小学生の姉が、御使いに浅草まで出かけて行った。その時に眺めた、戦前の浅草寺周辺の街並みが、今でも鮮明に記憶に残っているという。浅草を車で走っていると、ふとした瞬間、この辺りはこうだったとか、エノケンがね、なんて話をしてくれた事もある。そんな戦前の浅草界隈の様子を語る時、彼女の目にはうっすら涙が浮かんでいるようだった。

その姉が、自宅で転倒して大腿骨を骨折、救急車で運ばれ入院していた病院から、暑い夏の日に電話がかかってきた。病棟の看護師さんが「麻生さん、食欲がないようでして、ただ鰻なら食べられるっておっしゃっていて……」と言う。切り出しがあまりに真剣だったので、ドキッとしたが、病院のごはんが口に合わないから、好きなものを持って来いということ。何だか妙にホッとして、思わず笑ってしまった。

我が家は千駄ヶ谷、病院は池袋、もちろん近所にも鰻屋はたくさんある。近くでと思うが、「鰻は前川よねえ」という、姉の言葉を思い出し、前川へ電話をする。車で30分かけて、鰻を受け取り、家を通り過ぎるようにして病院を目指した。面会が叶わぬ時期だったので、看護師さんに袋を託し、その後にかかってきた電話が入院生活の中で一番機嫌が良かった。「わざわざ、前川まで行ってくれたの、あなたも食べた？良いお店だったでしょ？やっぱり良いお店に行くのは気持ちが良いのよ」と、何度も同じ話を繰り返していた。もし、近場の店で済ませようなら、電話もかかってこないし、かかってきても嫌味を言われるのだから、やはり良いお店に行くのが気持ち良いのである。しかし、考えてみれば戦火の中、買い物に出かけた経験からすれば、容易《たやす》い事かも知れない。

僕が生まれ育ったのは、茨城県の水戸市で、鰻屋が多い街だった。東京に出てきてからも、帰省すると友人達と食べるのは決まって鰻。年に何度か帰るので、鰻欲は満たされており、東京で鰻を食べる機会があまりなかったのである。前川へ何度か通いながら、病院に届けてばかりでは、勿体無い。暖簾をくぐると、いつも丁寧に迎えて下さって、老舗の佇まいが、どこか憧れを抱かせる。そこで思い立って、自分達が食べるためだけに、家人と訪問した。目の前を流れる、隅田川、アサヒビールのフィリップ・スタルクのあまりに有名なオブジェ、その奥にス

カイツリーも見える。なんと気持ちの良い眺めであろうか。創業は江戸時代、景観はすっかり変わっているに違いないが、隅田川の流れだけは当時のまま。悠々としたその流れに、しばし目を奪われた。

今回は、二枚目の七代目に、様々なお話を伺う事がかなった。蒲焼き、うざくと、食べる事ばかりが頭に浮かんでいたが、鰻の未来を見据えた話に心が動かされた。養殖も成功しているとはいえ、その生態についての謎はまだまだ多くある。そもそも、僕らが子供の頃は、夏場に30度を超えることが稀であったが、今では夏場に30度を下回る事が稀となった。これだけ気候が変化している事からも、その生態にも当然影響があるだろう。漁獲量が減り、高騰しているなんて話もよく耳にする。鰻屋は、〝鰻〟がなくては話にならない。こだわりと信頼関係で最も良質な、天然ものに近い品質の養殖鰻を安定的に作る努力をするという。様々な飲食店がある中で、これほど一つの食材と対峙しなければならないのは鰻屋くらいではないだろうか。代々続いた店の歴史と、その未来を語る時、七代目はこの店だけではなく、鰻の未来を背負っている、そんな印象を受けた。先の震災の時、向かいのビルの上階にいた先代が、店の方へ向かって大きな声で「たれを守れ」と、言ったそうである。素材は鰻と伝統のたれ、鰻屋の在《あ》り方とは、もはや日本の伝統文化だと言える。

待望の鰻重とうざくが、目の前に運ばれてきた。
お話を色々伺ったあとに、重箱の蓋を開けて、鰻と対面した時の喜びはひとしお。箸を入れた時のふっくら加減が絶妙で、一口頬張れば、うーんと唸《うな》り、何とも言えぬ幸せな気持ちになる。そうか、これを入院先の病室で食べたら、機嫌が良くなるに決まっていると、改めて感じた。
うざくは、大人になって、その美味しさが理解できたメニュー。子供の頃には、せっかくの鰻を酢の物にしてしまう事が、何だか勿体なく感じたものである。人生経験を積むことで、味わう事の出来る一皿。隅田川を眺めながら、食べるのはまた風情があって良い。大きな窓から見える景色も、この店のもてなしの一つ。隅田川の花火大会は、店の前で打ち上げられるとか。当然ながら、例年予約で埋まっている。しかし、いつかここから観てみたいもの。皆さん、食事を先に済ませてから観賞すると伺ったけれど、僕ならば、花火を眺めながらうざくを一口、そんな贅沢を味わいたい。
ゆっくり味わって食べようと思っていたのに、撮影をしてもらいながら、あっという間に食べてしまった。しっかり時間をかけたつもりだったが、美味しさのあまり一口が大きくなっていたようだ。気がつけばもう最後の一口が重箱の隅っこで待っている。名残惜しいが、うなぎ坂東太郎（養殖ブランド鰻の名称）との再会を重箱に向かって誓い、

前川

完食した。

池波正太郎先生の『むかしの味』に、若き日の池波先生が、吉野さんという方に連れられて、「前川」に来ると、鰻が焼き上がるまで酒を飲みつつ、何か一品頼もうとすると、鰻が来るまでは何も食べてはいけないと厳しく言われたそうだ。僕も、肝焼など頼んでしまうのだが、今回は一口目に鰻重を食べたので、吉野さんの教えの意味が分かったような気がした。この一口のためにという喜びを感じることができた、もちろんその一口のあとには、解禁、何を食べても構わない。

美味しさの余韻に浸って、お茶を飲みながら、隅田川に目をやる。いつまでも、この景色、この味が変わらないことを願った。入院などしたくはないけれど、もしその時には、誰か僕の病室まで前川の鰻を届けて欲しいとここに記しておく。

毎年の暑い夏を乗り切る時、疲れたなと感じた時、ぜひ「前川」へお出かけ下さい。

食べ続けたい伝統の味

ずっと食べ続けたい味

# コーヒーパーラー ヒルトップ・山の上ホテル

（東京・神田駿河台）

山の上ホテル

「このホテルで暮らす事ができたら、どんなに幸せだろうか」行くたびに、そんな夢のような事ばかり考えてしまう。

朝食をルームサービスで済ませ、神保町まで散歩をしながら本を選び、ヒルトップでお昼を食べて、部屋に戻って読書。夕方にまた散歩に出かけて、今夜は天ぷらにしようか、中華にしようか、それともフレンチ、鉄板焼きも良いけれど、またヒルトップかなあと悩む。そう考えるだけで、ちょっと楽しくなる。全部で35室の小さなホテルだけれど、美味しいレストランが充実しているのも、このホテルの魅力の一つ。

山の上ホテルの存在を知ったのは、このホテルを愛した池波正太郎先生のエッセイを読んでの事。天ぷらが食べたくなり、一人静かに訪れた。神田駿河台の小高い山上にあり、坂を登るのも情緒がある。見栄の装飾ばかりが目に付く他のホテルとは一線を画す、瀟洒《しょうしゃ》な佇まい。ロビーに入ると、初めて訪れたはずが、懐かしい場所へ帰って来たような温もりがある。

ホテルの従業員の方に「山の上に、天ぷらを食べに来ました」と声をかけると、お店の場所を丁寧に説明して下さったが、言われた通りに進んでみたものの、立ち往生。すると背後から先程の従業員の方が「お客様、そちらを右手でございます」そう静かに声をかけてくれたの

である。いかにも心配そうに付いて来たというのではなく、気配を消して静かに見守ってくれていたのだ。もし僕がすんなり辿り着けば、彼は声をかけず見送ってくれたのだろう。人の顔を立てるサービスというのは、なかなか難しいものである。その誠実な姿勢に、僕はとても感動した。

当時、僕は家業の建設会社に勤務、水戸でストレスを抱えて息苦しい日々を過ごしていた。山の上ホテルの隣には明治大学があり、社会人向け講座が充実、僕は経営に関する講座を受講する事にした。勿論、山の上ホテルに出かける口実を作りたかっただけの事。授業の時間より、だいぶ早めに到着、ヒルトップでお茶をしたり、グラタンを食べたりして過ごした。忙しい時には、天ぷらだけ食べてすっかり満足して、授業を受けずに帰る時もあった。ホテル全体に流れている優しい時間、見守られている安心感のようなものが、他では得難い、安らぎの時間だった。

そんな出会いから20年近く、僕は「コーヒーパーラー ヒルトップ」に通っている。オーダーは、食前にオレンジジュース（メロンを使った特製フレッシュジュースの時もある）、小海老のロングマカロニグラタン、食後にコーヒーと決まっている。

グラタンは想像よりも大きく、そしてロングマカロニも想像より長い。料理長に改めてお話を伺ったところ、グラタンをはじめた時から提供の仕方、お皿も変えていないそ

うである。やむなく変更したのは、当初より使用していた太めのロングマカロニが手に入らなくなり、以前より細くなってしまったとの事。確かに、前はうどんのようだった記憶がある。

こちらのグラタンはボリューム満点、食べるとお腹がいっぱい。時代に合わせてボリュームを減らす事も検討されたそうだが、伝統のスタイルを受け継ぐ姿勢を崩さなかった。伝統を受け継ぎ変わらない事は、実は変える事よりも、ずっと難しいと僕はいつも思う。これからも受け継がれていきますようにとの願いを込め、僕はファンとして、その伝統の味を食べ続けたいと思っている。そして子供の頃に、母が作ってくれた大好きなグラタンに、どこか似ている。もう食べる事が叶わぬ味を、この一皿に重ねているのかも知れない。

今回は特別に、材料や調理風景まで惜しみなく全て見せて下さったのだが、吟味した良質な素材を極めてシンプルに活かした一皿である事がよく分かる。ベシャメルソースはあっさりと仕上げ、味の決め手はチーズとの事、惜しまずにたっぷりのチーズをのせて焼いていた。浅くて大きなお皿で作るグラタンは、マカロニとベシャメルソースに海老とチーズ、その魅惑の層が完璧なバランスを生み出し、飽きる事なく最後まで美味しく頂ける。

取材時、朝に近い時間帯だったので、果たして朝からボリュームのあるグラタンを食べられるかと心配をした。しかし、料理長から丁寧にご説明を頂いて、材料や調理の様子も見せて頂いているうち、空いていなかったはずのお腹が鳴り始める。客席に供されたグラタンは、チーズが焼けた美味しそうなにおいが食欲を誘い、スプーンを差し込めばふわっと湯気がたち、口に運ぶとチーズの芳醇な味わいが広がる。何回食べても幸せを感じるグラタン、今日は一層美味しく感じて、心配を他所《よそ》に気づけば完食していた。

オレンジジュースは、一つのグラスに対し約3個分の果汁が使われているとの事。氷がぎっしり詰まったクーラーを纏《まと》い、正装した様子でうやうやしく供される。この佇まいが、何とも非日常的で贅沢な感じがするのだ。味は言わずもがな、美味しい。撮影の時、オレンジジュースをお願いすると、丁寧に用意されている様子が分かり、一段と美味しく感じた。

そして今回、改めて気がついたのは、店内に飾られている絵は全て、池波正太郎先生によるものだということ。普段はお客様がいっぱいで、一枚一枚の絵をじっくり見る機会がなかったので気がつかずにいた。エッセイ、『剣客商売』や『鬼平犯科帳』、どの作品も読んでいる。しかしその文学的世界とは全く別の、池波正太郎の世界がその絵の中にあって、益々先生のファンになり、そしてこのホテルが益々好きになった。

このホテルのアールデコ調の階段を、最上階から見せて頂いた。その眺めの優雅で、美しいこと。暮らせなくても、このホテルにゆっくり滞在したい、それが今の願いである。数多の文人達がこの地でそうしたように、山の上ホテルに「カンヅメ」というのも経験してみたい。我が家の愛猫は甘えん坊なので要相談、なかなか実現出来そうにないので、クリスマスのケーキを早速予約した。ヒルトップ伝統のババロアが使用された「シャルロットフレーズ」を聖夜に頂くのが楽しみである。

相当に多忙な中、取材の対応をして下さった方々が、それぞれが本当にこのホテルを愛し、よく連携して、お客様のために楽しく仕事をしているというのが伝わってきた。ホームページに「もし人が他人に与えられる最高のものが　誠意と真実であるなら　ホテルがお客様にさしあげられるものも　それ以外には無いはずだとおもひます」とあった。その精神はホテルに携わる人々に脈々と受け継がれていたが、建物の老朽化に伴い惜しまれつつ2024年2月13日に休館となった。小さな希望や夢が見えた山の上ホテルは、僕の大切な宝物となった。改めて、山の上ホテルに関わって来られた方々に、感謝申し上げます。撮影の時に眺めていた、池波先生が描かれた絵にまた出会える日が来るのだろうかと、僕は小さな希望を胸に抱いている。

ずっと食べ続けたい味

# 毎日食べても飽きないうどん

うどん豊前房

（東京・池尻大橋）

家人は僕と出会う前、３６５日のうち３６０日が外食という生活をしていたそうだ。

西麻布、四谷、神楽坂、大人びた夜の街に惹かれて住んでいたのだから、それも頷《うなず》ける。むしろ自然な成り行きで、きっと料理を生業にする僕でもそうなるだろうと思う。

馴染みの友人達は、僕と出会う事で３６０日とは言わないまでも、３００日程を家で食事するようになった家人の食生活の変化について、飲み友達が減った寂しさ半分、良かったねえという思い半分で見ている様子。しかし、日々の食卓を維持するのは、なかなか大変な事である。今夜は何を作ろうかと、献立が全く思い付かず、空のカゴをのせたカートを押して食品売り場をぐるぐると回りながら、ふと思う。もし一人だったら、こんな苦労はあるまい。ごはんに味噌汁、お新香、干物か刺身、冷奴、寂しければ、焼き海苔か納豆を追加、僕は同じものを毎日食べても飽きないので、きっとその繰り返し。一通り現実逃避をすると「煩わしさも人生の喜びのうち」と誰かが言っていた、そう自分を取りなし、食材を選抜して家路を急ぐ。

しかし、本当に一人だったら？忙しく仕事をこなして、自分の為の一人前の食事の支度を簡単とはいえするのだろうか、きっとかつての家人のように外食三昧になるのでは

NO WAR
うどん 豊前房

ないだろうか。そう考える時、僕には毎日通いたいと思っている店がある、それが「うどん豊前房」。毎日通いたいと思う店は、このお店の他に思い当たらない。

一つ付け加えておくが、飲食店を何度も開けたり閉めたりした経験のある身として、この「毎日通ってみたい」という表現は、非常に無責任な思いである事についてよく理解している。お店を開店する前に「毎日来ます」と言う人は、毎日来なくなるし、閉店する間際に「近かったら毎日来たのに」と言う人は、大概ほとんど来ていない人である。しかし何であれ、お店というのは、そういう誰かの思いに支えられている事も紛れもない事実である。

初めて豊前房の暖簾をくぐったのは、いつだったろうか。お店の存在を知ったのは、仲の良い友人の子供がまだ小さかった頃、美味しそうに親娘二人でうどんを食べている姿がInstagramにアップされていたのがきっかけ。店主のInstagram「うどん豊前房の若大将」から垣間見える、店主の佇まいや人柄にも惹かれた。当時、僕は養親の介護に忙しく、お昼の時間の自由もなく、気持ちとは裏腹になかなか訪れる事が出来ずにいた。ある時、お店の近くまでお昼時に行く用事が出来て、今日は豊前房へ行く！と心に決めて意気揚々と出かけた。暑い夏の日、カウンターに案内されて、初めて食べたのは「香味野菜のサラダうどん」だった。シャキッとしたクレソンとみょうがは、丁

寧に扱われている事がよく分かる。お出汁のスッキリした味わいが、清涼で心身に染み渡った。若大将に話しかけようかとも思ったが、ランチ時の忙しい中、長居するのは野暮である、淡々と仕事をするその背中にエールを送って店を出た。

それから、頻繁にではないけれど、親しみを抱いて通っている。疲れたな、風邪ひきそうだなと感じる時には「しょうがうどん」がおすすめ。生姜の効いたお出汁、ピリリとしながらすっきりした味わいで、最後は丼を抱え全て飲み干す。食べ終わる時には、身体がポカポカとして、芯から温まる。そして思わず「若大将、もう1杯！」と頼みたくなってしまう。

家人と二人で出かける時には、出汁巻き玉子、みょうがときゅうりの梅冷菜などの一品料理を頼みながら一献、最後に僕はいつもの、家人はボリュームのあるお肉がのったうどんをよく食べている。自家製の杏仁豆腐や、手間をかけて作るアイスクリームも食後のお楽しみ。丁寧な仕事の分かる料理、真っ直ぐで誠実な人柄、安心して食事が出来るお店というのは、案外少ないものである。

日々、お客様の為に、出汁をとり、うどんを用意して、他にも色々な仕込みをして、店に立ち続けるというのは本当に大変な事だと思う。お店の味を守るという事は、日々の小さな努力の膨大な積み重ねである。比較する事ではないが、僕のように撮影の為の料

理、たまのお弁当、ちょっと失敗しても美味しく食べてもらえる家庭の料理とは、緊張感が違う。

話は逸《そ》れるが、若大将は、ヤクルトスワローズの熱心なファン、我が家から近い神宮球場の前を通る度に彼の事を思い出す。そして、チームが優勝した時には、若大将おめでとうという気持ちになった（その日、彼は一人でビールかけを楽しむ幸せそうな様子がInstagramに上がっていた）。画家である奥様が描かれた、お店の近くにあるご自宅から望む街の景色の絵が、我が家のリビングに置かれたソファーの側に飾ってあり、和やかな空気を生み出す事に一役買っている。会わずとも、そして食べずとも、いつも豊前房の気配をそこかしこに感じる。

もし、自分が一人だったら、毎日この暖簾をくぐりたい、カウンターの隅っこで、しょうがうどんか香味野菜のサラダうどん、どちらかを頼み、ちょっと小鉢を摘《つま》む。若大将は、僕が話したそうだったら、言葉をかけてくれるだろうし、静かに過ごしたそうだったら、そっと見守ってくれるだろう。お店が忙しそうな時には、邪魔にならない程度に黙って皿洗いでも手伝いたい。

そして、こうも思っている、人生には何があるか分からないから、もし僕に何かがあって、いつもの食卓が失われた時、家人が毎日ではないかも

知れないけれど、日々通うお店が「うどん豊前房」だったら僕は安心する。それは悲しい気持ちで言っているわけではなく、若大将と僕の料理はどこか通じるものがあるのだ。このうどんは、毎日食べても飽きないはずだから。

すっかり恋文のようになりましたが、こう記しながら、もううどんが食べたくなっている。メニューを開けば、たくさんの料理があって、トッピングも色々出来るので、それぞれの好きな味を見つけて欲しい。四季折々の気候に合わせ、他の店にはない工夫がしてあるおいしいうどん。ちょっと疲れたな、風邪をひきそうだな、まあそんな理由じゃなくてもお腹がすいたら、是非足を運んで欲しい。暖簾をくぐると、若大将の作る美味しいうどんが待っていますから。

ずっと食べ続けたい味

# 人と人を人情と誠意でつなぐカレーの美味しい喫茶の店

## 喫茶 壁と卵（東京・幡ヶ谷）

「喫茶 壁と卵」は、人情に溢れたお店だと、僕は思う。

高齢である養親姉妹の姉が、大腿骨を骨折して入院した時、急な環境の変化でせん妄が酷く、5分に1回くらい僕の携帯に電話がかかってきた。電話を切って、ひと呼吸すると、またすぐにかかってくる。「あなたが拾ってきた猫ちゃん100匹は、今どうしているの?」とか、何を言っているかよく分からない……。そんな状態が1ヶ月以上続いて、精神的に追い込まれている時があった。

「喫茶 壁と卵」は、自宅と入院先の丁度真ん中。面会が出来ない状況の中で、届け物をしたりするだけでも、医師からの相談とか、看護師さんに呼び止められるとか、病院へ行く事は結構なエネルギーを使うもの。行く度に、すっかりエネルギーを消耗してヘロヘロになって、帰り道に吸い込まれるように「壁と卵」へ寄り道。ご夫婦に励まされながら、美味しいコーヒーを飲んで気分転換、食べると元気になるカレー、優しい味のおやつを食べて力をもらっていた。

もう介護の事だけで精一杯……そんな時に、僕の著書をお店で販売したいと申し出て下さり、たくさんのお客様に僕の事を紹介してくれた。自分達の大切な友人と、お客様に丁寧に伝えてくれた事が、どれだけ励みになった事か。静かに水の中へ沈んでいくように、塞《ふさ》ぎ込んでいた気持ちが、前向きになって、自分の人生を歩まなくちゃと本来の自分に戻る事が出来た。長い人生には楽しい時ばかりではなく苦難がつきもの、いつも楽しそうですねと言われる僕でさえ、そういう苦難は突然訪れる。そんな時、ちょっとあそこに行って息抜きしよう、そう思える場所があるだけで、案外持ち堪《こた》えられるものなのだ。

お店を訪ねたきっかけは、カレーを作っているご主人が、僕のパートナーが営む「HADEN BOOKS:」のお客様だったのが、そもそものご縁。スパイシーなインド料理を、そんなに食べに出かけない僕達も、ここのカレーの大ファン。パートナーと出かけると、2人で3種類のカレーを食べる。ごはんに添えられたアチャールも、爽やかな風味で美味しい。カレーもしっかりスパイスが効いて、軽やか。大概のインド料理屋へ出かけると、僕は胃もたれしてしまうのだが、「壁と卵」のカレーは、しっかりとした満足感を得ながらするすると胃の中に入って、もたれる事もない。一皿の中に盛り付けられた、カレーとごはん、数種のアチャールとパクチー、パパドを混ぜながら食べれば、味や食感の変化も付けられて楽しい。

奥様が手がける、プリンやケーキ、クッキー（新とんがり焼き）も美味しい。優しいけれど、しっかりとした味わいと輪郭のあるお菓子に、作り手の人柄が表れている。東京には、美味しいケーキやお菓子屋さんが無数にあるけれど、「壁と卵」のお菓子は八方

美人な味ではなく、しっかり食べ手の方を向いてくれているような奥深さがあると僕は思う。そう書いてしまうと、「麻生さんはお友達だから」と思われるかも知れないが、そうではない。きっと初めて訪れる方も、そう感じる温かさがあるのだ。

スケッチブックに書かれたメニューも、毎日手描きされている。ついつい、昨日の、一昨日の、ずっと遡って見てしまう。僕も、お店を切り盛りしていた時代があったけれど、日々メニューを書くと言うのは、並大抵の事ではない。しかも、文字だけではなく、可愛いイラストまで描くのだから。手書きのメニューは、今日はどのカレーにしようか、どのお菓子にしようかと選ぶ楽しさもあり、そして何より優しい気持ちになる。いつかメニューブックを一冊の本にまとめて欲しいと、密かに思っている。

本やレコード、色々な置物、食器に至るまで、店内は、ご夫婦の好きなものに溢れている。今日も本の間にいた、他人とは思えない佇まいのパディントンと目が合った。

壁に大きく飾られた西脇一弘さんの絵を眺めていると、とても懐かしい気持ちになる。パートナーの移転前のお店に、大きな西脇さんの絵が2枚、象徴的に飾られていた。その絵の前で、僕達は出会ったから、縁を引き寄せる絵だと僕は思っている。

当時、僕はまだ時間を持て余していて、パートナーのお店で、西脇さんの

絵を眺めながら、希望と不安を抱えコーヒーを飲んでいた。だから、彼の描く絵には愛着がある。ここに飾られているのは、西脇さんが「壁と卵」の為に描いた作品。いつも様々なお客様が訪れるお店の様子を眺めていると、この絵がご夫婦の営みにそっと力を寄せてくれているような気がする。

撮影の日に、窓際に飾られていたお花も、共通の友人「THE DAFFODILS」の加藤君が、前日に生けてくれたとか。愛らしいネコヤナギは、チョビ（僕の愛猫）に見立てたとの粋な演出。しかし、そういった事の数々は、何も僕が友達だからと言うのではない、誰に対しても、誠実に真摯にこのお店は向き合ってくれる、それは店名に込められている思いからも分かるであろう、だって「壁と卵」だから。

皆さんも是非、ひと息つきにお出かけ下さい。

「壁と卵（Always On The Side Of Egg）」：作家／村上春樹がエルサレムの文学賞「エルサレム賞」の授賞式で2009年2月15日に行ったスピーチで語られた言葉。「壁」は、戦争、または個人を取りまくシステム、そして「卵」は戦争やシステムにともすると押しつぶされる個人または個人の魂の比喩。村上春樹はこの中で〝もしここに大きな壁があり、そこにぶつかって割れる卵があったとしたら、私は常に卵の側に立ちます。〟と語った。

KUWA
RAN

ずっと食べ続けたい味

# 繊細で美しくておいしい、大人のメキシコ料理

エルカラコル（東京・四谷三丁目）

## エルカラコル

メキシコ料理に、心惹かれる。

レストランへ出かける理由は様々あるけれど、自分では絶対に出来ない料理を堪能したいという一点に尽きると思う。料理家の端くれ、和洋中と、好きな飲食店のそれには劣るが、一通りの料理は作れる。しかし、メキシコ料理はどうしたって出来ないのである。

若い時、旅好きな友人がメキシコへ出かける時に、持って行った大きなスーツケース。旅を満喫して、スーツケースが2個に増えての帰国は、エネルギーに満ち溢れていた。彼女から、旅の話はたくさん聞いたけれど、メキシコが一番楽しそうだった。きっと魅力のある国なのだろう、僕もいつか旅してみたいと思っている。

そんな彼女の影響か、時々メキシコ料理が食べたくなっては、どこかのレストランに出かけ、それなりに満喫していたが、ある時に仲の良い夫婦が連れて行ってくれた、四谷三丁目の路地裏にある「エルカラコル」は、それまで食べたメキシコ料理とは一線を画す繊細な味わいがあって、すっかりファンになった。

お酒が飲めない体質で、乾杯までのタイミングはどこか居心地が悪い。

モヒート？　ビール？　という楽しげな声の中で、ウーロン茶なんて水をさす事もなく、ミントがたくさん入った、ノンアルコールのヴァージンモヒートをいつもオーダー。もちろん、テキーラにメスカル、お酒のメニューだってたくさんある。

お店に入った時、きれいな青々としたヤングコーンがたくさん並んでいるのが目に入った。本日のおつまみ3種盛り合わせには、先程の艶々としたヤングコーンのグリル、ハイビスカスのタキートス、ワカモーレ。季節の味わいが食べられるのは嬉しい、ヤングコーンは何とも言えぬ夏の味がする。大人も、子供も大好物。タキートスは、スペイン語で小さいタコスの意味、ハイビスカスが入っているというので、ひょっとして酸っぱいのかなと食べてみれば、全くそんな事はなかった。しっかりとした食感があって、クセになる味わいだった。ワカモーレは定番中の定番だが、食べない事には、はじまらないという感じがする。

以前、大勢の食事会に誘われて、広々としたメキシコ料理屋へ出かけた。参加者の誰も声が大きくないというのに、高い天井、大きな音で音楽がかかり、会話が全く成立しなかった。コース料理には、トルティーヤチップがやたらついてきて、全員が口の中がバリバリして、柔らかいものが食べたいと言っていて、可笑《おか》しかった。その時に、改めてエルカラコルの素晴らしさを思い知った。家人とも「エルカラコルのチリコンポテト

が食べたい」と、言いながら帰った。
赤エビとホタテの海鮮マリネ・アグアチレも、毎回頼むメニュー。鮮やかな見た目、繊細で緻密な味わいが、エルカラコルの醍醐味である。もちろんアグアチレは、メキシコの定番な料理かも知れないが、他よりも垢抜けている。初めて食べた時に、新鮮な味わいで、あまりに美味しくて、4人で分けないで、独り占めしてしまいたいと思ったほど。唐辛子で、辛いというよりも、キリッとした風味が、素材を引き立てる。自分で料理をしたら、どちらもただの刺身になってしまう。それだって、美味しいけれど、こんなに素敵にしてもらえて、赤エビもホタテも幸せだと思う。
そして何より好きなのが、茹で牛タンのサルサヴェルデである。サルサヴェルデは、トマティージョという、ほおずきに似た果実、青唐辛子を使った煮込み料理。実際にトマティージョを、見せてもらったけれど、本場の味を再現する為の、食材の一つ一つの調達も大変だと感じた。しっかり煮込まれた柔らかな牛タン、サルサヴェルデの風味、それをジャガイモがまろやかにまとめている。夏に限らず、寒い時期にも食べたいメキシコ料理。
僕は牛タンが好きで、焼肉屋さんでは当然頼むけれど、フレンチのお店でも、誕生日にワガママを言って塊のタンをローストしてもらったことさえある。洋食の王道タンシチ

ュー、様々なタン料理を味わったけれど、この一皿が一番好きだ。ちょっと具合が悪いとき、食欲がないときでも、ぺろりと食べられそうな味わい。辛くないけれど、唐辛子がしっかり効いていて、元気になる。〝人生の一皿〟みたいなものがあったら、僕はこの一皿を選ぶだろう。そして、仕込みから仕上がりまでの道のりを想像すると、手間暇かかるだろうなあと思い、ゆっくり味わおうという気持ちとは裏腹に、あっという間に食べてしまう。

そして、3種タコスセットの登場。メインの具材はたくさんある中、好きなものを選べる。海老のフリット、かじきのフリット、牛タンというチョイス。また牛タンと思われるかもしれないが、タコスでフレッシュな野菜とアボカドを巻いて、ライムを絞り、サルサをのせた味わいは、これまた最高なのです。そして、焼きたてほかほかのトルティーヤが本当に美味しい。3種の具材、アボカド、ライム、香味野菜、サルサソースが一皿に盛られた感じは、誰かと一緒に楽しみたい。テーブルに運ばれると思わず、待ってました！と、声が出そうになる。あれ、これと組み合わせながら食べると味の変化があり、止まらない楽しさがある。

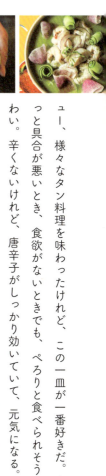

エルカラコルを営む平塚夫妻は、夫婦揃って生粋のメキシコ好き。二人の出会いもメキシコ料理屋さんだったのだそう。何でもそうだけど、好きという気持ちが一番強い。お店の中に置いてあるものも、料理も二人のメキシコ愛が伝わってくる。ちょっとしたソースに至るまで、きちんと手作り。それは、本当に日々の努力の積み重ねだと思う。またメキシコを旅したいと言っていた。奥深いメキシコの魅力、まだまだ知らない味を、届けて欲しいと願っている。

特に暑い夏には「エルカラコル」へ是非、夏バテも気がつけばどこかへ飛んで行きそうです。

ずっと食べ続けたい味

# ソースの香りに導かれて広島の友人達と繰り出す

## 「国泰寺焼き」の店

花子 飯田橋店（東京・飯田橋）

花子
飯田橋店

「お好み焼きが食べたい！」

普段ソース派ではない僕だけど、衝動的にそう思う事がある。

丸っこい形、芳醇なソースのかかった、お好み焼き。突然、何かの拍子にそれが頭に浮かんでしまったら、もう他の何を食べても満足しない。こう書いているだけで、どこからともなく、良い香りがしてくるようだ。そういう状況になってしまうと、美味しい旬の魚の刺身だろうが、厚切りの味わい深いお肉が運ばれようとも、代わりはきかない。もう何を食べたところで、僕はお好み焼きが食べたいんだ！となってしまう。そんな時、僕が駆け込んで行くのは「花子 飯田橋店」である。

お好み焼きと言っても色々ある。僕が好きなのは、麺が入った広島風。子供の頃に食べ親しんだのは、色々な具材を混ぜて焼く関西風だった。混ぜる関西、重ねる広島と言うように、その作り方は全く違う。広島風のお好み焼きは、生地を鉄板上で薄く伸ばして、その上にキャベツ、豚肉などをのせ、焼きそばや卵を重ねていく、重ね焼き。関西のお好み焼きは、小麦粉をだし汁で溶いた生地にやまいも、キャベツや肉などの具材をすべて混ぜて、円形にまとめて鉄板で焼いたもの。麺が入るのは、モダン焼きと言うらしい。

広島焼きが確立されていったのは、戦後のこと。配給の小麦粉を、一銭洋食（小麦粉

と出汁を溶いて焼いたものに薬味とソースをかけて一銭で販売されていた）をベースに、海産物や野菜を加え、ボリュームを出すためにキャベツ、そこへ腹持ちをよくするために麺を加えたそう。戦後の苦難を乗り越える人々を支えた味、店名に人の名前が多いのは、戦争で散り散りになってしまった誰かの帰りを待つ目印として、また戦後の大変な時期を生き抜く覚悟を込めてという事情があったようだ。鉄工所も多い地域、鉄板の調達も容易であったとか。広島の力強さが、そこにあるようにも感じた。僕は、広島焼きが誕生してきたその背景にも、魅力を感じているのかも知れない。

僕が公私共に信頼を寄せる大好きな友人で写真家の前君、名刺のデザインや本の装丁もお願いした吉田君、僕がまだ駆け出しの頃に色々アドバイスをくれた戸野さんも、広島出身。いつもお弁当に入れている瓜の粕漬けの店「日章冠」は広島の呉市にある。よく買い物に出かける「eatrip soil」にいる岡崎姉妹も広島、気が付けば広島出身者が周りに多くいる。そして忘れてならないのは、出身というわけじゃなくても世に多くいる、広島カープファンの面々だ。音楽家の友人、世武ちゃんは生まれも育ちも、広島じゃないかと思ってしまうほどカープ愛に溢れている。ヨガとアーユル

ヴェーダの先生、いつもカッコいいIIKARUさんも大のカープファン。こうして、数年前から、広島との距離がどんどん近づいていた。

花子に初めて訪れたのは、何年前だろうか、まだ今の場所に移転する前、今より少し小ぢんまりとしたお店。家人と二人、お好み焼きが食べたいと思って、誰かに教わって出かけて行った。お好み焼きはとても美味しかったし、一品料理も何を頼んでも美味しく、店内に溢れるカープ愛も旅情感の演出をしてくれていて、ほくほくした気持ちになった。それ以来、僕らのお好み焼きは、花子一択である。

今回も、いつものオーダーを。

〝野菜やベーコン、チーズが入った具沢山なサラダ〟は、お好み焼きの前にもりもりと野菜が食べられて嬉しい。花子のサラダは、健やかでのびのびとした味がしていて、僕の好み。

〝がんす〟広島料理と言えば、〝がんす〟でがんす。魚のすり身をフライにしたもの、名前の由来は広島弁の「がんす」(〜でございますの意味)、目上の方に対して扱う謙譲語とのこと。フライと言っても、とても軽い仕上がり。初めて見た時は不思議な食べ物だなあと、惹かれなかったけれど、一度食べたら好物になった。蒲鉾《かまぼこ》好きにはたまらない、そして酒の肴にももってこいの一品。

〝せんじがら〟（花子 飯田橋店特製）せんじがらとは、何ぞや？と思うかも知れないが、簡単に言うとホルモンを揚げたもの。一般的には豚のホルモンを使った料理を指すようですが、花子は牛のホルモンを使用。メニューには「噛めば噛むほど旨みじゅわ～」とある。本当にその通りの美味しさで、味わい深い、あとひきなメニュー。

〝牡蠣《かき》バター〟広島といえば牡蠣、これを食べずには帰れない。鉄板でジュッと、牡蠣を焼くこて捌《さば》きが格好良い。素材が最も重要、バターの風味が効いていて、食感がプリプリ。家のフライパンで同じ事をしても、なかなかこんなにぷっくりと仕上がらないと毎回思っている。

広島焼きとひと口に言っても、地域によって、庄原焼き（お米が入りポン酢で食べる）、呉焼き（海軍由来の二つ折り）、府中焼き（キャベツにミンチが入る）、尾道焼き（砂肝とイカ天）、三原焼き（鶏モツが入っている）、他にも、まだまだ県内のそれぞれの地域で独自性を持っている。一度、それぞれを食べ比べる旅でもしてみたい。

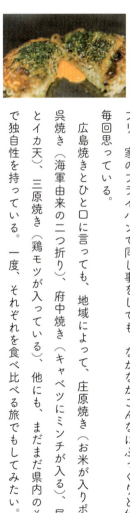

そして花子は〝国泰寺焼き〟である。

生地を鉄板に伸ばしたら、堆《うずたか》くキャベツをのせ、卵、他では豚バラ肉を使うお店が多い中、豚トロをのせて、麺をかりかりに仕上げるのが、国泰寺焼き。そして、これを焼く姿がまた凛々しくて格好良い。鉄板上のショータイム、こて捌きの技に固唾《かたず》を呑んで

見入ってしまう。こんなにたくさんキャベツが入っているのだから、ヘルシーな食べ物じゃないかと思いつつキャベツが高騰なんて時の事を、ついつい考えて心配してしまう。焼き上がりに、お好みソース、マヨネーズを足しながら食べ進めると、あっという間にぺろりと食べてしまう。麺も普通の麺、辛い麺、うどんもある。他にも、肉玉、貝割れがたくさんのったものや、海鮮がたくさん入ったものやチーズ。我が家では、国泰寺焼きともう1種類を気分に応じて頼んでいる。種類も豊富、トッピングも色々、いつか全メニューを試してみたい。

先日、広島で広島焼きを食べた時に、鉄板の縁で初めてお箸ではなく、こてで食べたが、使い慣れていないので食べるのが下手くそで、ちょっと格好が悪かった。今年は、こて捌きがカッコいい、広島出身の小林店長を見習うべく、花子に通おうと思っている。夜にワイワイ行くのも良いけれど、気軽にランチで訪れるのも良い。ぜひ、皆さんも頭にお好み焼きが浮かんだ日には「花子 飯田橋店」にお出かけ下さい。かく言う僕も、もう行きたくなってきました。

上海蟹、北京ダックは他の店では食べない。

ここは僕の理想の店

ずっと食べ続けたい味

富麗華（東京・東麻布）

今は家庭料理のイメージが強い僕だけど、誂えたスーツにネクタイを締めて、家業を継いでいた二十代の頃は、フォーマルなレストランが好きだった。夢のようなデザートワゴンが最後にやってくる重厚なフレンチをはじめ、お気に入りの店はいくつかあったが、当時から惚れ込んでよく訪れ、今でも変わらず出かけて行くのは、東麻布に店を構える中国飯店のフラッグシップ「富麗華」だけである。

会食のほかに、友人や亡くなった母ともよく出かけた、たくさんの思い出が詰まったお店。華やかな雰囲気、誠実な味わい、決して前に出過ぎぬ良心に基づくサービスは、お店のモチーフとされている〝牡丹の花〟のようである。

牡丹の花言葉は、富貴が先ず挙がり、壮麗、誠実、恥じらいと続く、まさにこの店を象徴する花と言えよう。料理は上海と広東料理の混合、今回訪れた際に初めて知ったのは、上海、広東で厨房スペースや味のベースになるスープも、場所が分かれており、さらに焼物、点心も別の厨房になっているのだとか。お客様に、お料理をスムーズに提供するには、フロアと各厨房との綿密な連携が欠かせない事を、改めて知ると共に、この店の並々ならぬこだわりを改めて感じた。ちなみに僕は、北京ダックと上海蟹に関して、他の店では食べないと決めている。綿密にルール化している訳ではないので、他で食べたって良いのだけれど、富麗華には結局敵《かな》わないし、僕が一番美味しいと感じる慣れ親

しんだ味であり、満足いく供し方なのだ。

店の前には会食が終わりそうなゲストを、お迎えに来た黒塗りの高級車が並ぶ事もある。外からは店の様子が窺えないから、敷居が高いと言えばそうかも知れない。しかし、一度訪れてみれば、コージーなおもてなしで、掛け替えのないひと時を提供してくれる。僕だって扉を開ける時、今でも少しだけ緊張する。でも、良いレストランとの関係性とは、そういうものじゃないだろうか。

店内は高級中華料理店にありがちな、華美なしつらえではない。落ち着いたトーンでまとめられ、調度品はモダンである。席に着いて壁にかかっている絵を眺めていると、前菜の盛り合わせが運ばれてきた。

ピータン豆腐、きゅうりのXO醤和え、ハチミツ漬けの叉焼《チャーシュウ》、皮目をパリパリに焼いた豚肉。上品な盛り付けが美しく、気分が高揚する。ピータン豆腐は、黄身の部分をソースのように、豆腐と白身にあえていて、まろやかな仕上がり。XO醤も雑味のない澄んだ味わいで、きゅうりとの調和と共に全体を引き締めている。カリカリに焼いた豚は、脂の処理に相当な手間暇をかけているのではないかと思う。口に含むと、脂っぽさや豚肉の特有な香りはなく、カリカリとした食感、豚肉の旨みだけを感じられる。もっと食べたいなあと思いながら、次の一皿を待つ。

その次が、季節の上海蟹を使ったスープ。しっかりとした蟹の香り、濃厚な風味が広がり、いつまでも飲んでいたいと思ってしまう、幸せな味。

いよいよ、待ちに待った北京ダックの登場。艶やかな美しい焼き姿を一目確認してから、皮に巻かれた姿で再会する。生唾を飲み込みながら手で摑《つか》み一口頬張ると、それはもう至福の味わい。生きていて良かった！明日からまた頑張れる！そういった人生に対しての、前向きな言葉が次々に湧き上がってくる頃、呆気なく食べ終わる感じが良い。これをまた食べに来たいなという余韻が、生きる事への執着にも繋《つな》がるのではないかと、この北京ダックを頬張りながら、僕はいつも大袈裟な事を思っている。

続いて、名作である黒酢の酢豚。カリッと口当たりよく揚げた豚肉に、絶妙な塩梅の黒酢餡が絡めてある。具は豚肉のみの直球勝負、非常にシンプルな一皿は、極めて美味。他所で黒酢の酢豚を食べると、どうしても富麗華が恋しくなる。上品な油の使い方、濃厚なのにすっきりとした味わいの餡による賜物《たまもの》だろうか。

コースの最後に登場したのは、牛肉と松の実入りたまり醤油の炒飯。初めて食べた時は、なんとシンプルで独特な色合いだろうと思ったもの。他のお店で食べる炒飯はもっと、何かがみなぎっている、それが油なのか、塩分なのかは分からない。しかし、この

炒飯はコースの最後を締め括《くく》るに相応《ふさわ》しい、上品な温度感とたまり醤油の芳醇な味わいがある。

秋の富麗華と言えば、上海蟹を食べずには帰れない。今回は雄を姿蒸しにしてもらった。先ずは、蟹の姿で食卓にお出まし、後にお色直し、綺麗に身がほぐされて甲羅の中にぴたりと納まってのご対面。一口、一口と食べ進めると、何とも言えぬ上海蟹の風味、濃厚な味わいにうっとりとする。ある友人が、どれくらいの経済力があれば理想的かというような話をしていて、彼は自由も欲しいしチャレンジもしたい、でもフェラーリを乗り回したいわけじゃない「自分が好きな美味しい寿司を、我慢せず食べられるくらいの経済力」があれば、という話をしてくれた事があった。僕にとっては「富麗華で上海蟹が美味しく食べられるくらいの経済力」がそれに当てはまる。苦心の人生、それが叶わない時もあった。しかし、こうしてまた気軽ではないにしても、美味しく食べに来られる事は幸せである。日本に初めて上海蟹を紹介したのは、中国飯店だそう。提供するスタイルも、蟹のままで出すと、結局身が上手に取り出せず、味わい尽くせないからほぐして提供にしたのだとか。僕も、蟹を上手くほぐすのが苦手である、自分でやったらこの半分の量にもならないと思う、労力惜しまず、本当にありがたい事だと思う。

食後のデザートに、桃とジャスミン茶のプリンが運ばれて、中国茶と共に頂いた。お口直しに丁度良い清涼な味わい。メニューを眺めると、昔はもっとオーセンティックな料理が目立ったけれど、斬新な料理が増えた。よく来ていた頃には、ムール貝を使った料理はなかったような気がする。

伝統を守るには、革新を続けていかなければならないのだ。中国飯店グループの代表が、自分の理想の店を作りたいと、現場を守る様々な職域のスタッフ達と苦心しながら始めたこの店はまさに、僕の理想の店でもある。

ぜひ大切な方との穏やかな食事の機会に、「富麗華」へ訪れて欲しいと思います。

ずっと食べ続けたい味

# 僕の命を救った肉の塊

CHACOあめみや（東京・千駄ヶ谷）

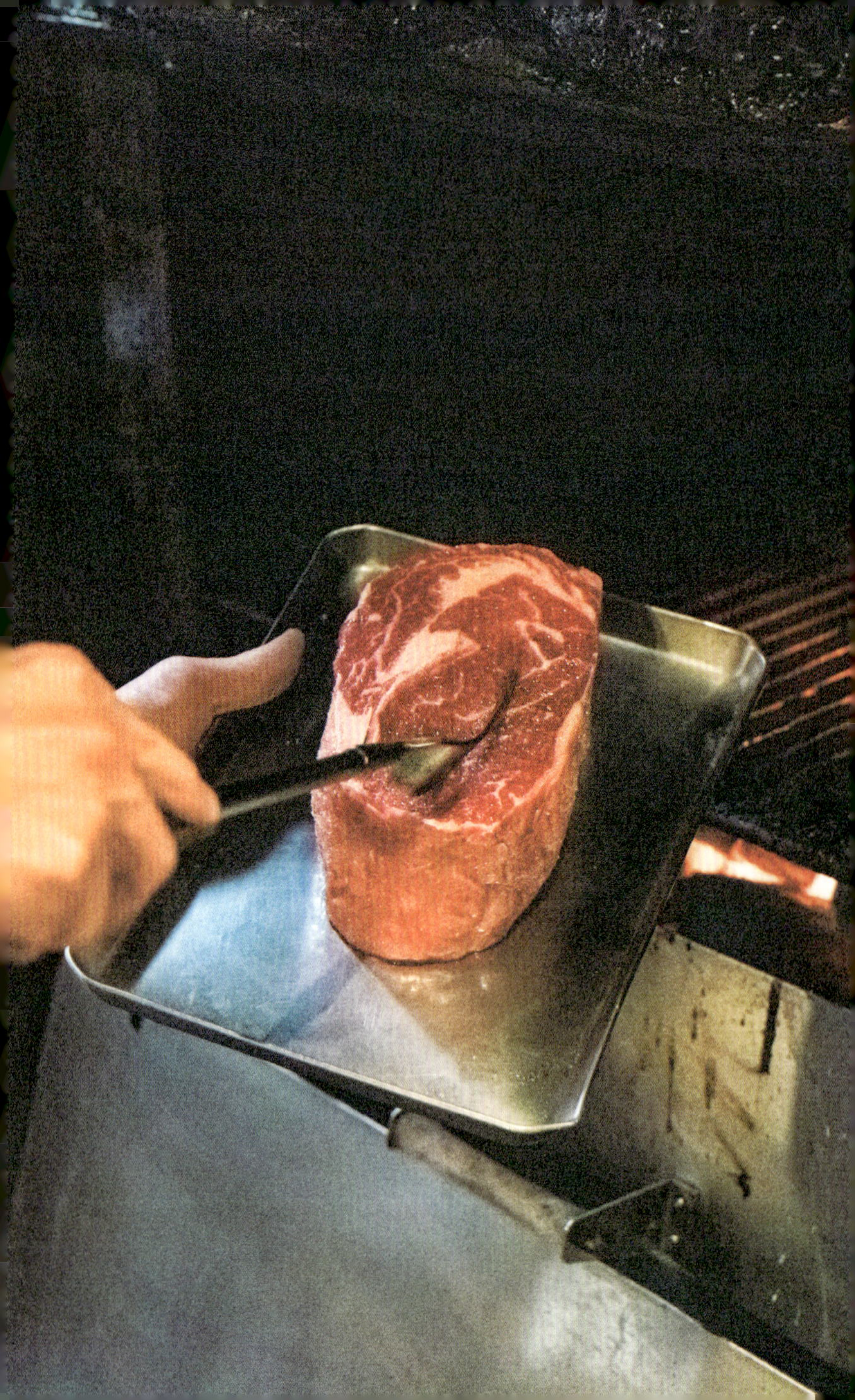

2020年に発売された、僕にとって一冊目の本である『僕の献立　本日もお疲れ様でした』の料理ページの撮影をしたのは、刊行の一年近く前のこと。掲載は全部で51品、撮影ウィークには、料理の写真を撮りまくった。初めての本で勝手も分からず、高齢な養親の介護もあり、その合間を縫って買い出しや仕込みをするのは、本当に大変だった。その最終日、朝食や昼のパートを撮影、終了して一同を見送ったあと、安堵のあまりヘロヘロになり、ソファーに倒れ込んだ。その時期、とにかくごはんを作ってばかり、プレッシャーもあったので、きっと、ごはんをあまり食べていなかったのだろう。冗談ではなく、このままでは死ぬかも知れないと僕は思った。

　意識が遠のく中「ニクガタベタイ」、心の底、いや頭のてっぺんから爪先まで、もはや細胞レベルで、肉を欲している、身体中からその漲《みなぎ》るような熱狂が聞こえたのであった。焼肉では物足りない、すき焼きは卵を割っているゆとりなし。僕が欲しているのは、もっと血の滴《したた》るような肉の塊である。その時、ふと閃《ひらめ》いた……以前、友人が教えてくれた、我が家の近所にある、塊肉を焼いてくれるステーキ屋さん。

　教わった後に一度、行こうとした時はタイミングが悪くて入れなかったが、今日なら天が味方するはず。しかし今、自分で電話をしたら最後の力を振り絞って単刀直入に「肉を下さい!!」と、いきなり言い放ってしまい

そうなので、隣に座っていた家人に頼んで予約をしてもらい、急ぎ足でお店に向かった。到着した時には、疲れ果てて階段を転げ落ちそうな程だったが、店の前ではもう何かが焼ける良い匂いが漂っている、ありがたや、ありがたや、拝むような気持ちで店に入り着席。メニューを見る目は、もう血走っていたかも知れない。家人が、どうする？何百グラムだろう？なんて、メニューを捲《めく》っているが、冗談じゃない、こちらは生きるか死ぬかの瀬戸際なのだ、そんな量では足りない「この塊を1キロお願いします」きっぱりと、そうお願いした。

　赤い塊が、店の隅にある、年季の入った重厚な窯の中へと入れられた。炭火でジュワーッと、肉の焼ける何とも言えない香りが漂ってく

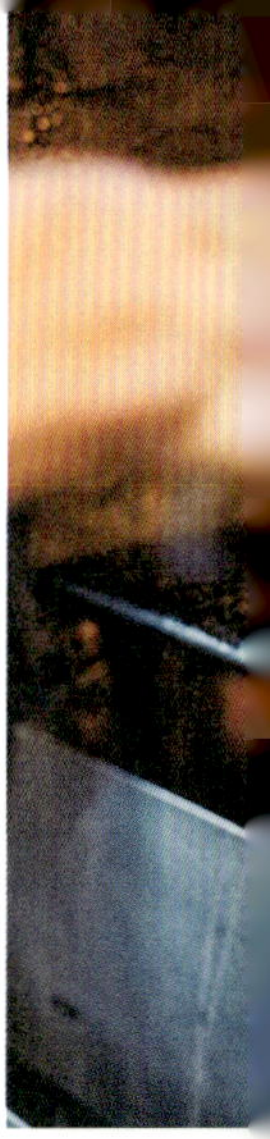

る。思わず遠吠えしそうな衝動を抑えながら、肉が焼ける様子を見守った。あの大きさの塊をどう焼くのか、結構時間がかかるのかしらと、早く食べたい一心で心配した。各断面にこんがりと焼き色をつける程度、窯から出てくると、今度は食卓に置かれた鉄板にお待ちかねの肉の塊が供される。ジュワーッと焼けるその音は、どんな音楽よりも僕に高揚感を与えた。それをナイフで切り分けてもらうと、外はこんがりとした良い焼き色なのに対し、中はレアな赤身のお肉。

それから、鋳物のお皿に、それぞれが取り分けて食べる。6枚に切り分けてもらったう

ちの1枚を自分の手元に引き寄せ、ナイフで切り分け一口、しっかりとしたお肉の味わい、適度な歯触り、旨味がぎゅっとしていてなんて美味しいのだろう。炭で焼いた時、余分な脂がしっかり落ちているから、するすると手が進み、ぺろりと1枚を食べてしまう。次の1枚は、少し精神的な余裕も出来たので、付け合わせの野菜を楽しみながら食べてみる。ああ、生き返ってきた。2人で6枚なので、1人3枚。ワインを愉しみながら、ゆっくり食べている家人をよそ目に、あっという間に3枚をぺろりと平らげた。店へ着いた時に、ふらふらしていたのが嘘のように、エネルギーに満ち溢れていた。しかも、まだ食べられそうな気さえしてしまうのだ。

1979年創業のお店の佇まいは、奥のテーブルあたりに「刑事コロンボ」のピーター・フォークや、初代007を演じた若きショーン・コネリーがいそうな感じがするのも、僕がこの店を愛する理由の一つである。

今回の取材の際、全く同じものをお願いして、お肉の塊が出て来た時には「麻生さん、これを2人で食べたんですか?」と、最初は半ば呆れた様子で笑われた。しかし、撮影が終わり、その塊を4人で食べた時、1枚目を食べて、もう1枚を半分ずつとなった時、全員が思ったはずである「半分じゃなくて、もう1枚食べたい」と。そしてお肉を食べながら、こうも思っているのである、明日も食べに来ようかなと。それは、肉の吟味が

行き届いているのと、炭で焼くという極めてシンプルな食べ方だからなのだと思う。ちなみに、僕はテーブルに並べられた調味料にほとんど頼る事なく、毎回お肉をよく味わって食べている。80歳で3度目のエベレスト登頂を果たしたあの御仁も、この店の常連で、来店すると1人で1キロ召し上がるそう。2人で1キロ食べているようでは、まだまだである。人生にはスタミナが必要だと改めて感じている。

「人生最後の晩餐、何が食べたいですか?」というありふれた質問を何かで投げかけられて、僕は「ご飯と糠漬け」と答えた記憶があるが、改めて訂正し、こう申し上げたい。「僕は人生最後の晩餐、CHACOあめみやで肉の塊を食べたい!」と。皆様も、是非「CHACOあめみや」へお出かけ下さい。普通のステーキも勿論美味しいですが、ぜひ塊のお肉を皆で分け合って食べてみて欲しい。明日を生き抜く力が湧いてきますから。

CHACO
あめみや

ずっと食べ続けたい味

# お弁当がつないだ縁、「旬」を堪能する串揚げの名店

## 六角亭

（東京・代官山）

## 六角亭

僕がお弁当作りを、大変だもうやめようかなと言いながら続けているのは、お弁当を介して、誰かとの素敵な出会いが待っているからに他ならない。

南青山の「call」で、お弁当の販売をした時のこと。お弁当を予約して下さった方の中に、ひときわ目立つ素敵な女性がいた。チャーミングな大人のファッション、ショッキングピンクのネイルが、とても似合っていた。それが、代官山にある「和食と串揚げ六角亭」のあかねママとの出会いだった。その雰囲気からいかにも、都会の大人の女性という感じがした。彼女のInstagramを見てみると、美味しそうなものを食べている。しかも、コメントは辛口。その様子を眺めているには良いけれど、食べてもらう側になると急にドキドキしてしまい、お弁当が口に合わなかったらどうしようかなと不安になった事を覚えている。

食べ終わった後に「唐揚げが冷めていても美味しかった！」と、連絡をもらえたのがとても嬉しくて、ホッとした。彼女ならきっと、お世辞は言わないはず。何の下積みもなく始めたお弁当作り、太鼓判を押してもらえたようで、ちょっと自信がついた。

それから少し経《た》ってから、パートナーと友人と一緒に、六角亭へ串揚げを食べに出かけた。メニューを眺めてみると、串揚げだけではなく、気が利いた季節の一品料理が充実している。お造りも、魚の活かし方に優れた、気持ちの良い包丁遣いでとても美味しかった。初めて伺ったつもりなのに、どこか懐かしく感じるのは、長年営まれているというだけではなく、お店から近い場所にマンションを借りていた頃、来た事があったのを思い出した。今年で創業36年、二代目が厨房に入られるようになって、メニューのラインナップが増えていったと言う。最近、代官山の他、中目黒にも新しいお店が出来た。

先日、友人の誕生会で新しい中目黒のお店にも押し掛け、普段はお店にいらっしゃらない、あかねママに世話を焼いてもらった。僕はあまり人に甘えたりする事は苦手なのだ

けれど、彼女にはちょっと何かをお願いしたくなるような、気風の良さがあって、色々と我儘《わがまま》を聞いてもらった。ただ黙って行けば良いものを、ついつい声をかけて手を煩わせている。きっと長年のお客様には、僕と同じ気持ちの人が多くいるのではないだろうか。

串揚げはコースでお願いすると、その日のオススメをひと通り揚げて、こちらが止めるまで出してくれるので大変な満足感がある。薄衣の串揚げは一口で食べられるし、次は何が出てくるかなと思うと、止めるのも何だか名残惜しい。先日伺った際、皆が止めた後も、家人は一人延々と食べ続けていた。次から次へと出てくるのが、楽しかったらしい。既に、止めた我々だって会話をしながらも串揚げが運ばれて来ると、そっと目を向けては、美味しそうだなと生唾を飲んで見守っていた。

今回撮影の時には、秋を彩った季節の前菜が美しく盛り付けられて登場。一つ一つの料理が吟味されており、茶会席を手がけられていた二代目の匠《たくみ》の技が窺える。僕には、到底真似の出来ない繊細さを感じながら、箸を進めた。焼き栗やほおずきの存在感が、季節を感じさせる情緒があって、可愛らしい佇まいは見ているだけで嬉しくなる。

お造りは、真鯛にかつおに水蛸。素材をよく吟味されているのは勿論のこと、綺麗な包丁捌きは実に惚れ惚れとする。包丁捌き次第で、魚の美味しさは途端に半減してしま

うと思う。美味しい刺身が食べたくなったら、ここへ来ようと思う程に上出来である。
串揚げは、旬の松茸に始まって、銀杏、天使のえび、白子紫蘇巻き、うずら味玉と頂いた。「麻生さんは、串揚げ何がお好きですか？」と質問されて、えび！と答えようとするうちに、松茸を食べれば、松茸になり、銀杏を食べれば、銀杏に変わる。白子紫蘇巻きを食べようものなら、おかわり！と声を上げたくなってしまう。どの串も、それぞれの魅力があって美味しいので甲乙付け難く、何が好きかという問いに対しては、急に

優柔不断となり、どれも好きという答えになってしまう。

頃合いを見て、松茸の土瓶蒸しが運ばれてきた。初物の松茸は、まずはそのままに香りを楽しんでから、酢橘《すだち》を一絞りして、すっきりした味わいを楽しんでから、土瓶の中で待っている松茸を頂く。僕は松茸の香りだけではなく、他のきのことは違う独特の食感も好きである。運んでくれたあかねママが「最近中身を食べない方もいるのよ」と、言っていた。土瓶蒸しというものが、もう馴染みのないものになっているのかも知れない。食材の繊細な香りを味わうという頂き方は、風情があって、日本文化そのものとも言える。こういう料理が、食卓から忘れられないようにしたいと感じた。

〆には、「雲丹《うに》と蟹の土鍋ご飯」を頂いた。雲丹と蟹という贅沢な組み合わせ、炊き立ての土鍋ご飯には、至福の喜びが詰まっている。さっぱり派には、お蕎麦という選択肢もある。お腹いっぱいかなと思いながら、あっという間にぺろりと食べてしまった。

ご主人とあかねママが築かれたお店を、二代目のご主人とお嬢さんが暖簾を引き継いでいる。僕にとってママの存在は大きいけれど、取材当日に足を打撲して歩くのが辛かった僕の為に、お嬢さんが道路に出てタクシーを捕まえて下さった。普段ならば遠慮して、自分で捕まえるか、アプリで呼ぶのに、足が痛かった事もあり、ついついご好意に甘えてお願いした。しかしその方が、良い運転手さんに当たりそうな気がしたのだ。思った通り、とても感じが良く道も詳しい、気分が良くなるような運転手さんだった。大事なものはしっかり、受け継がれているなと感じた帰り道。まだまだ長いお付き合いが出来そうだと感じて、とても嬉しかった。

毎年、松茸の時期には伺いたいと思うし、四季を問わず旬の美味しいものが並ぶ「六角亭」、皆様もぜひ足をお運び下さい。

世界で一番好きな、お寿司屋さんのようなイタリアン

ずっと食べ続けたい味

IOTA《イオタ》（東京・四谷）

「ЯIOTA」の宮添亮太シェフの作る料理が、僕は世界で一番好きだ。イタリアンを食べたいという気分と、季節感のある素材が活かされた和食を食べているような感覚、両方が自然に楽しめるから。そして、何より親しみやすい屈託のない彼の人柄が好きだ。今では、お店だけではなく、我が家の食卓を定期的に囲む関係性にもなっている。もし僕が、専属料理人を雇えるような立場になったら（ならないけれど）、先ずは彼にオファーをするだろう。

もう何年前だったか覚えていないが、家人と東京駅から千駄ヶ谷の自宅へ電車で帰る途中、四谷あたりで食事をして帰ろうという話になった。特にお店の当てがあったわけではなかった、その日の気分的には、イタリアンかビストロっぽいお店が頭に浮かんでいた。四谷、イタリアンで検索をすると、お店はたくさん出てくる。その中から、僕は情報を分析して慎重に一軒のお店を選んだ。その時に見つけたのが「ЯIOTA」の前身であった「La Mela」である。信頼する、レストランジャーナリストの犬飼裕美子さんが、レストランを紹介する記事の中で、次のように太鼓判を押していた「料理人に必要な資質は〝継続〟だ。修業の大切さはどれだけ我慢強く、技術を身につけ人間関係を築いたかにある。星の数ではなく、内容の濃さにあると思う」。その力強い言葉に、惹きつけられた。

訪問すると、季節感のある魚や野菜の名前が並ぶメニューに心が躍った（その頃はアラカルトメニューが中心）。そして、その魚が真っ当な寿司屋のように手がかけられていて、美味しかったこと。和の素材を料理に織り込む事も、これ見よがしに、わざとらしい感じにならないで、自然体なことも良かった。

そのお店が2023年11月に大幅リニューアル、宮添シェフがカウンターを舞台に、素材から食べたいものを決めていく日替わりのコース（アラカルトも20時30分以降は可能）を提供する「ЯIOTA」として、再スタート。自慢の魚は、彼の故郷である下関からも届く。ネタケースに並べられた、魚の様子は寿司屋さながらである。以前は、厨房と客席が離れていたので、料理をする様子は見えなかったけれど、カウンター越しに料理が仕上がっていく様子が見えるのは楽しい。

この日の前菜の盛り合わせは、

藁《わら》で燻製した鰤《ぶり》　根菜のピクルスと蕪《かぶ》のピュレ添え
車海老とあおりイカ　きんかん　柚子ビネグレット
寒鰆《かんさわら》の炙《あぶ》り　焼き茄子添え
椎茸のコンフィとルッコラのサラダ

という4品が並ぶ。

この一皿を見ているだけで、にんまりしてしまう。魚は、素材が良ければそのまますぐに食べたって美味しいかも知れないが、手間や時間をかける事により引き出せる味がある。時間をかけて、手をかけて、食べどきをねらった提供は、料理人としての経験値のほか、魚の美味しい下関で育った彼の勘所も影響しているだろう。僕が養子に入った姉妹も、鰤の大きな柵に塩をして、少し寝かせたものをお刺身でよく食べさせてくれた。「魚は、すぐ食べたって美味しいかも知れないけれど、手をかけるとより美味しくなるのよ」と、教えてくれた。鰆も基本的には淡白な魚だが、少し手をかければ、美味しさが引き出されて、上等な味わいになる。鰤も鰆も、ここで食べるのが一番美味しいと、毎回思う。

イカ墨の料理、僕はもともとあまり好きではなかった。ある時に宮添シェフにイカ墨のパスタを作ってもらうと、その美味しさに開眼、僕の大好物になった。他のお店でも試してみたけれど、やはりここで食べる美味しさには届かない。そして、パスタを煽《あお》る姿の何とも楽しそうなこと。見ていて、嬉しい気持ちになる。やはり作る人のスタンス、キャラクターは、味わいにも影響する。目の前に供されると嬉しくて「大好きなイカ墨のパスタ！」と思って眺めたが、真っ黒な一皿は、するするっと僕の胃袋へと一瞬で消えていった。歯が黒くなったって、何だっていい、美味しくて幸せなのだから。

続いては「良いウニが入りました」と、嬉しそうにケースを見せてくれてから、ウニのパスタが登場。やはり、寿司屋のようだ。2皿目のパスタだから、量を減らすかと聞かれたけれど、他のお店なら頷くかも知れないが胃袋がもっと食べたいと言っている、通常の量でお願いした。素材の味を活かしたシンプルな仕立て、このパスタの中に飛び込んでしまいたいという気持ちになった。

パスタも、しっかり食べたければロングで、おつまみ的にちょっと食べたいという時にはショート、と言った具合に、その時の気分や食べたいメニューに気軽に応じてくれるし、誰にとっても、そういう声が届きやすい親近感が、彼にはある。

メインにはえぞ鹿のソテー。八頭《やつがしら》を使ったピュレに、セリが添えられていた。ソースは、鹿の骨などを使い出汁をとったものをベースに、アップルビネガーを組み合わせ、あっさりと仕上げられていた。火入れも丁度よく、パスタを2皿食べた後でも、美味しく食べる事が出来た。僕は下戸なので申し訳ないが、赤ワインと味わえば、きっと最高の組み合わせだろうと思う。家人はいつも、お皿ごとにワインを楽しんでいる。

僕は家業の仕事をしている時に、接待も多くて、誰より早く食べ終わり、会計を済ませて、みたいな事ばかりしていたから、驚くほど早食いなのだ。食の仕事に就いてからは、あんまり早いのもみっともないので、意識してゆっくり食べるようにしているが、ここ

ではついつい早食いに戻ってしまう。料理は出て来た瞬間に食べたい、もたもたするのは粋じゃない、特にパスタは寿司のように食べたいと思っているから余計である。先日伺ったときも、パスタを一気に食べ終えて良い気分になっていたら、両隣はまだ一口頬張ったような量しか減っていない。少し恥ずかしい気持ちになったが「食べるの早いっすね」というシェフの笑顔に救われた。

書きながら、もう気持ちは四谷に向かっている。早くあのカウンターに座って、ネタケースを見せてもらいながら、美味しいものを食べたいと心から願っている。皆さんもぜひ「ЯIOTA」へお出かけ下さい。

# 僕が一息ついている場所

# 大好きなウエストでハーフ&ハーフシューと野菜サンドを

## ウエスト青山ガーデン（東京・青山）

「ウエスト」に行く予定が決まると、それだけで、なんだか嬉しくなる。特に青山のお店は家からも近く、いつだって行けるというのに。

誰かとのお茶の約束、思い立って一人でお茶をしようという日もある。仕事での打ち合わせ場所がウエストに指定されると、初めて会う方でも急に親近感が湧いたりする。それが何故なのかを考えていたら、この店には、良い気が流れている神社やお寺にお参りに行くような安心感があるのだと気がついた。

地方の友人への手土産は、いつもウエストのドライケーキと決めている。老若男女、誰でも満足の美味しさが、箱の中にギュッと詰め込まれている。手土産で頂く機会も多く、包みを解いて箱を開ける時、毎回どれから食べようか迷ってしまう。でも最初に食べたくなるのは、いつも決まってヴィクトリア。初めにサクッと、次はほろりとした食感、バターの美味しさ、上にのせられた苺ジャムとのバランス。我が家では、亡くなった母の写真の前に必ず、彼女が好きだった、ヴィクトリアを供えている。ウエストが好きで、百貨店の地下でドライケーキをバラで買う時、必ずヴィクトリアを選んでいた。

そもそも僕にウエストの存在を教えてくれたのは、母である。僕が東京、母は水戸に暮らしている時、青山店で待ち合わせをしてお茶をした。車で移動する彼女にとって、駐車場がすぐ隣にあるのは都合が良かった。落ち着いたホテルのラウンジのような店内、

木々に囲まれ風が気持ちの良いテラス席、どちらの席に座ってもウエストの安心感がある。コーヒーのお代わりを頂きながら、お互いの近況報告をするのに、最適な環境だった。

お昼時ならば、〝野菜サンドイッチを焼いたライ麦パン〟で作ってもらった。パンの種類、焼くか焼かないか、挟む具材も含めると、サンドイッチの選択肢はたくさん広がる。丁寧に下処理された野菜を綺麗に挟んで、均等に切り分けて盛り付ける。それは当たり前のことのように思われるけれど、ちょっと高さが合わないだけで、盛り付けが台無しになってしまう。

何でもいい加減に切ってしまう僕には、到底真似が出来ない技である。そして、レモンを絞るとまた味がキリッと変化、添えられたパセリを一口食べると、また口の中がリフレッシュ、決して単調にならずに食べられる。

お茶の時には、ハーフ&ハーフシューとコーヒーを頼む。毎回食べるものは、迷った割に結局、同じになるけれど、迷う楽しさがある。ケーキのサンプルを持ってきてもらうと、ずらりと並んだケーキに目移りしてしまう。

モンブランにも惹かれるし、苺か季節によってはマスカットがのせられたプリンに心が動く、モザイクケーキも美味しそう、結局いつもの、ハーフ&ハーフシューになるけれど。初めてオーダーすると、大きなシュークリームの登場に一瞬驚くかも知れないが、安心して欲しい、このシュークリームは、ふわふわで軽いのだ。店内でしか食べられない、このシュークリームには、カスタードと生クリームが入っていて、あっさりと楽しめる。昨今のシュークリームは、生地が様々あって、しっかりした食感が多い傾向にあるが、僕は思わず頬擦りたくなるような、このふわふわした生地が好きだ。

ある時、僕の養親の姉妹にウエストのケーキを買って帰った。彼女達は、チョコレートケーキやレアチーズケーキを好んだ。一見、小ぶりに思えるが、どっしりした味わいあるケーキ。姉が「美味しいわね、今時には珍しく、昔の味でちゃんと作ってるのね」と言ったので、ウエストで買ってきたと言うと「あら、ご主人（初代）お元気かしら？銀座でお店やっていた頃、よく顔を出して下さったのよ、紳士的で良い方だったわ。まだお店が健在なのは、嬉しいわね」と、言っていた。彼女達が、ケーキをよく食べてい

た店は、どんどんなくなっている。店の名前を挙げられるたび、もうそのお店はないと答えるのが、苦しくなるほどだった。

青山店は大人気で、開店前に取材をさせて頂き、終わる頃にはもう列が見えた。ある時、姉の同級生の90歳になる紳士とお茶をする事になり「この近くなら、ウエストがあるね」と言われて、混んでいるだろうなあと思いながら向かうと、やはり行列が出来ていた。その紳士は目を細めながら、向かいの青山斎場を眺めて「こんなに混んでいては無理だなあ、誰か著名人の葬儀でもあったのかなあ？それにしては喪服じゃないし」と言うので、ウエストは大変な人気がある事を伝えると。頷きながら「僕らの年になると、昔行った店なんて、どんどんなくなるんだよ。そんな中、こんなに今の人達に受け入れられて人気だなんて、良いものを見たなあ」そう言ってくれたので、嬉しかった。

お店が続いていく事が、誰かの希望になっているというのは素晴らしい事じゃないだろうか。取材の時にお会いした代表に「いつも長居をしてしまって」と伝えると「お客様に、快適に過ごして欲しいから」との言葉を頂いた。これからも、ほどほどに長居をしながら、「ウエスト」に流れる時を堪能したいと思っている。青山店はもちろん、銀座の本店、横浜のお店にも、同じ空気が流れています。皆様もぜひ、お出かけ下さい。

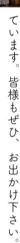

僕が一息ついている場所

# コーヒーとサンドイッチと乾物が並ぶ親戚のような二人の店

HORAIYA（東京・神宮前）

「神宮前にある、麻生さんの本が置かれているサンドイッチ屋さんって親戚なの？」そう言われる事が、最近増えた。

神宮前2丁目の路地裏、パッと見た印象は、木とガラスで構成された外観と、アンティークの家具を活かした落ち着いた店内。歩いて通りかかれば、ガラスケースに並ぶサンドイッチに見惚れて、引き込まれそうである。店内に入って棚に目をやると、どんこ、切り干し大根、ひじき等の乾物が並び、そこへ麻生の本が一緒に並んでいる。本の表紙には「おかめ蕎麦」、どんこの存在感が際立っている。サンドイッチやコーヒーと乾物は結びつかず、乾物と麻生の本が妙に結びついてしまうので、その棚はまるで麻生の特設ブース、そこで親戚なのかとなるようだ。最初は、親しい友人だと説明していたが、最近ではその関係性から「親戚だよ」で済ませている。

最近では、僕のオリジナルグッズのエプロンを二人でしてくれているので、より親密さを醸し出していて、親戚ではないという方が、状況をややこしくする。

ところで、なぜ乾物が置いてあるかと言えば、麻生が無理矢理に本と一緒に置いた訳ではない。店主である河野さんのご実家は、大分県別府市にある、昭和7年創業の老舗乾物店「宝来屋」なのである。そこで乾物の魅力を、自分達の好きなサンドイッチを通じて広めていこうと、店名は表記を変えて「HORAIYA」。初めてご夫妻にお会いした

¥650

HŌ
RAI
YA

のは、ご主人が独立前のお店へ出かけたのがきっかけ。当時はまだ二人も入籍前、トモミさんが僕のInstagramを熱心に見て下さっているという話をしてくれたので、家も近いしお店も近い、せっかくのご縁という事で、一緒に食事へ出かけるようになって、交流がスタートした。

我が家の乾物使用量は、通常のご家庭と比べると、倍ではきかないかも知れない。麻生がケータリングするお弁当には、どんこと切り干し大根が入らない日はないのだから当然である。そんな中で現れた、乾物屋さんを実家に持つ友人というのは、僕にとって何より心強い存在となった。

ガラスケースに並ぶ、色々なサンドイッチ。どれにしようかと、悩むのも楽しい。切り干し大根を使ったバインミーは、すっかりIORAIYAの名物になった。生ハムとカマンベール、プロシュートとルッコラ、アンチョビとたまご、フレンチトーストやクロックムッシュ、ヴィーガン対応のスコーンまである。僕は、プロシュートとルッコラが好き。こだわりのコーヒー、大分のかぼすを使った「かぼすスカッシュ」も季節になると登場する。

僕のパートナーの英治さんと、二人で出かけてカウンター越し、近況報告をしたりする時間も楽しい。サンドイッチはとても軽やかに仕上がっていて、手に持つと大きいか

なと思うけれど、あっという間に食べ終わってしまう。シンプルな食べ物だけに、フィリングの素材の良さ、パンそのものの美味しさ、それぞれのバランスが重要。お腹を空かせた子供にも、安心して食べさせられると言っているママもいた。

我が家から近い事もあって、乾物が必要な時、たくさん頂いた何かをお裾分けをしに、小腹が空いた時に出かけては、心地よい時間を過ごさせてもらっている。可愛いパッケージに入ったどんこは、誰かに会う時の、ちょっとした手土産にも良い。ちなみにパッケージや、お店のロゴデザインは、トモミさんの手によるもの。

以前、居合わせたお客様と話していると、僕がやっていた小さな宿に来て下さった方だった事が分かり、宿を閉めてからもう8年も経っているのに、覚えて下さっていて嬉しかった。周りの友人達も、食事やお茶のついでに、乾物を買いに出かけたりしてくれていて、それも嬉しい。

二人と話をしながら、天気が良い日、外のベンチに座りながらサンドイッチを齧《かじ》っていると、どこか懐かしい気持ちになる。きっと、僕のやっていた宿と、HORAIYAに流れている空気はどこか似ているのかも知れないと思った。取材をさせてもらっている間にも、お馴染みさんが入れ替わり、立ち替わり、利用して行くのが、街に根付いている感じがした。昨年は、二人の結婚パーティーにお弁当を届けた。どんこや、切り干し、ひじきを使って、両家の胃袋へ納めて頂いた。そういう人生の節目のイベントに、裏方として参加する事が出来たのは、掛け替えのない悦《よろこ》びだった。おめかしをした二人の様子は、まるで七五三のようで、今も真面目に接客をしている姿を見ながら、思い返している。

出会った頃、宝来屋のどんこを頂いた際、養親姉妹の姉に渡したところ、「私、宝来屋さんて、知っているわよ、何度も頂いた事あるの、懐かしいわねえ」と笑顔を見せた。

完全に余談となるが、養親姉妹の父親は苺が大好きで、季節を問わず食べたがったそうである。今のように、何でもいつでも手に入る時代ではなく、紀ノ国屋、千疋屋、タカノフルーツパーラーに依頼、入荷があれば知らせてもらうようにしていたらしいのだが、ご本家の温室が別府にあり、そこで苺の栽培が始まった事により、苺探しの苦労がなくなったと言っていた。その頃、苺と一緒に、宝来屋のどんこが届いたのかも知れない。そう考えると、僕らのご縁はずっと前から続いていたんだなと思う。

ちょっと、乾物が欲しい時、サンドイッチが食べたくなったら、ぜひ「HORAIYA」の扉を開けて欲しい。次は、クロックムッシュにしようかな。

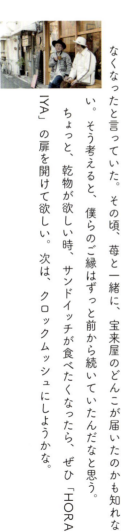

SEASONAL DRINKS!
SLEEPY
KuWA
RAN

僕が一息ついている場所

# 母に食べてもらいたかった
# 世界で一番おいしいパンケーキ

APOC《アポック》（東京・青山）

「世界で一番美味しいパンケーキ!」と、すすめてくれたのは、料理家の渡辺康啓氏である。そのお店こそ、大川雅子さんが手掛ける、骨董通りにある「APOC」だ。店名は、雅子さんが営むもう1店舗のお店「a Piece of Cake」(岡本太郎記念館内)に由来している。

僕は、渡辺氏の紹介がきっかけでAPOCへと出かけるようになったが、その後に出会った、家人も以前からの馴染み客であった。二人で行くと、僕はコーヒーとパンケーキ、家人はビールかワインでパンケーキ。そして雅子さんとお話するのも嬉しい時間、料理家の大先輩として、お弁当のケータリングをはじめた頃や、最初の本を作る時など、随分と応援してもらった。お店の経営者の先輩としても、家人のお店が移転のためにしばらく場所がなかった時などは、随分心配してくれて、また普段の営業でも気にかけてくれているのも嬉しい。僕が、高齢であった姉妹の介護が大変だった時も、お店に行っては話を聞いてもらい、人生の良き先輩として、どっしりとしたその安定感で受け止めてくれた。忙しくてお店に行けない時だって、APOCの前を通って看板を見るだけで、雅子さんのお顔が浮かんで、励まされるようで嬉しかった。

いつもメニューを見ないうち注文してしまうが、僕がいつもオーダーするのは、パンケーキが2枚のA、ホイップクリーム with レモンとホエー

豚の無添加ベーコン。お皿の左側には、美味しそうに焼かれた目玉焼きとホエー豚の無添加ベーコン、右側にはホイップと季節限定のラズベリーカード、そして美味しいバターとレモンが添えられている。さらには、コクのあるメープルシロップ、APOCオリジナルのクレオールスパイス（カイエンペッパーやパプリカにクミンなど様々なスパイスをミックス）、ピスタチオ&スマック・グリーンハーブガーデン（ナッツとスパイスやハーブをブレンド）、メープルチョコレートミックス（有機カカオとメープルシュガーとスパイスをブレンド）が、名脇役ぶりを発揮してパンケーキの美味しさをさらに引き立ててくれる。ちなみに我が家の食卓には、このクレオールスパイスが常備されていて、目玉焼きやお肉、サラダなどにトッピングしている。

　パンケーキを供しながら「はい、まずメープルシロップをかけてね」と言いながら、雅子さんが目の前の席に座った。「バターは溶かさずに、そのまま食べて」と、他のお店で食べるパンケーキやホットケーキに添えられてくるバターは、表面に塗るように溶かすのが一般的だが、APOCの場合バターを切ってのせたら、そのまま一緒に頂くのが美味しい。ベーコンや目玉焼きには、メープルシロップにクレオールスパイスをかけて頂く。メープルシロップにホイップは、言わずもがな幸せな味。さらにバターをのせたり、ホイップの方にもクレオール、ベーコン、甘い塩っぱいを交互に織り交ぜ、さっぱりさせ

ようとレモンを絞ったり、ピスタチオ&スマック・グリーンハーブミックスで風味をつけ、メープルチョコレートミックスの甘くスパイシーな香り、そうやって楽しんでいると2枚のパンケーキは、あっという間にお皿の上から消えてなくなっている。シンプルなだけに単調になりやすいと思われがちなパンケーキ、APOCでは飽きることがないのだ。

青山通りから骨董通りに入って、信号を2つ越えてからしばらく歩き、APOCの看板を見上げながら2階へと進みお店の扉を開けると、店の奥にあるキッチンにいる雅子さんが、真っ直ぐ見える。慣れ親しんだものにとっては、お店に来たというより、どことなく雅子さんのお家に遊びに来たような気持ちになる。壁面にかけられているパッチワークのカーテンは、共通の友人である、「desertic」平武朗さんによるもの。古いニットを解体して、パッチワークしている。僕らも、彼のブランドのシャツを着ているので、馴染み深い。お店に行くと帰りにはいつも、クッキーを買う。たくさん種類があるけれど、僕のお薦めはレモンクッキー。さくさくとした食感で、レモンの爽やかな風味があとをひき、一枚食べてはついもう一枚と手が伸びる。チョコレートクラックルの、ひび割れた佇まいも可愛い。自分のおやつや、友人へのちょっとした手土産にも最適だ。りんごが美味しくなる季節には、りんごの丸ごとロースト

や、タルトタタンも並ぶ。僕は、雅子さんの作る、タルトタタンが大好き。美しい断面、りんごがもったりとしていなくて、さっくり軽やかに食べられる。りんごのローストは、少し時間が経った方が美味しいそう。そのまま食べても良いけれど、焼いたお肉と合わせても、美味しいのだとか。そう書きながら、また書き並べたものを、片っ端から食べたくなってきた。

初めて訪れた頃、母はまだこの世に生きていた。パンケーキも、クッキーも、タルトタタンも好きだったから、一緒に連れて来れば良かったなと思う。もし生きていたなら、彼女は骨董通りのパーキングメーターのスペースにさっと車を縦列駐車して、お店にやって来ただろう。きっと喜んだだろうな。僕の誕生日のお祝いに、雅子さんがダークフルーツケーキを焼いてくれたことがあった。ドライフルーツやナッツをブランデーに1年以上漬け込んで熟成させた、自家製フルーツミンスがたっぷりの贅沢な味わい。箱を開けた途端、まるで宝石箱のようだった事を覚えている。人生で一番嬉しい誕生日のケーキだった。

雅子さんと僕は1月生まれ、一緒に誕生会をする約束をしている。料理の方は、頑張って作るから、あのケーキが食べたいとリクエストしてしまおうかな。その前に、日程

を相談しに家人と二人でパンケーキを食べに行こうか。皆様もぜひ、美味しいパンケーキを食べに「APOC」へお出かけ下さい。病みつきになること、請け合いです。そして、骨董通りをもう少し進んで、一本裏手の「a Piece of Cake」にも、どうぞ足をお運び下さい。

# おわりに、にかえて

対談

吉本ばなな　と　麻生要一郎

対談

# 味わうのは料理だけじゃないから 〜そとのごはん、麻生さんのごはん〜

A 麻生要一郎

Y 吉本ばなな（小説家）

2024年6月某日。小雨降る昼下がり、渋谷区の麻生さんのアトリエで。麻生さんはお弁当を作って吉本ばななさんをおもてなし。外食を巡る冒険、と題したくなるような、楽しくておいしくて、少しやるせない話から、麻生さんの作るごはんについても。この本の終わりにふさわしい、静かにワクワクする対談になりました。

「家賃の味」と「アルバイトの味」

Y なんて、きれいなお弁当！ あまりの素敵さに食べられない。いつもどの順番で食べるか悩む……。

A ありがとうございます。

Y インスタグラムで麻生さんが行ったお店のこと書いていらっしゃるのを読むと、なんかあんまりおいしくない、ということもちゃんと書いてあって、とてもいいなと。

A　そう、この間、うちに毎日のようにごはんを食べに来る息子くらいの年の男の子とうちの英治さんたちと出かけた店が不思議で。どう見ても接客業は向いていないおじいちゃんが出てきて、料理と飲み物を頼んだら今度は頬かむりしたお母さんみたいな人がさきいかみたいなものを大量に、山盛りで運んで来たんです。

Y　あ、それインスタで見ました。なんでさきいかなんだろう?って……。

A　じつはそれ、自家製パスタを揚げたもので(笑)。家族経営なんだけど、出てくるお料理も、おいしくも不味《まず》くもなくて。何気なくメニューを見たら「その日にある食材でお客様の気分と体調に合わせて作ります」って。ここだけ読んだら毎日行きたくなるような。

Y　今、私も行きたくなりました(笑)。でも、何が起こったんだろう。

A　お父さんは何も話さないし、体調なんか何も聞かれないし(笑)。何かのマリネを頼んだら玉ねぎが多すぎて辛すぎて。だからね、多分最初にメニューを作った時が一番楽しくて日々幸せを感じていたんですね、きっと。味は決しておいしくはないんだけど「家賃の味」はしなかった。ただ、困惑した。

Y　困惑、正しい言葉です。うちの近所なんか、「家賃の味」でいっぱいです。近所に

A　安心して行ける店、3軒しかないです。うちの近所にもない。贅沢したいわけじゃない、ふつうにおいしいものが食べたいだけなのに、ない。

Y　すっかりおかしくなりました。以前はもう少し、個人がやってる〝そこそこおいしい店〟があったのに。やっぱり土地代が高いからじゃない？　あと、問題はできるオープニングスタッフが途中からいなくなっちゃうこと。

A　ああ、そうね。「主人がやりたいと思った店じゃなくなってしまったのかな」と思わせる、ただのオペレーション担当の人が働いてるだけで、そこには魂はない、みたいな。以前、気に入っていた焼き鳥屋さんがあったのだけれど、〆にお茶漬け頼んだら、ごはんがマンガ盛で、その周辺にお茶かけた痕跡が（笑）あるだけ。

Y　ええっ！　〝お茶漬かってない〟、やつ？

A　僕あんまりお店に対して何も言わないんだけどさすがにその時は帰るときに「あの、お茶漬けって、あれで正しかったですか？」って。お茶漬けの説明をしてしまった（笑）。で、もう行けなくて。

Y　それは行けないですよ〜。う〜ん、まじめに言っちゃうと、今飲食店でアルバイトする若い子たちが育ってくる過程でほんとうにおいしいものを食べたことがないのでは、と思うんです。例えば、肉の火の通り方や、ほんの少し焦げたところがおいしいとか、そういうのを知らない。見た目がそこそこ整っていればおいしい、ということにしてしまう。

A 「味の落としどころ」がわからないものは作れませんからね。

Y 着地点がわからない。マニュアルがうまくできていても、おいしいものを知らないアルバイトにそれは伝わらない。今の若い人にそれを経験できる経済力もないだろうし、家庭のおいしい味も知らない。「おいしいものを知らないし、まずいものを食べてもおいしいと思ってしまう世代」が生まれてきたのだなと思う。

## こだわりの店主、心労の味

Y すてきなメキシカンの店が近所にあって、やってる人が研究者のような、すごいこだわりの強そうな人。料理選んで、ソースの種類がたくさんメニューにあったからその一つを「お願いします」って頼んだら、一言「それには合わない！」と。頼んだのに全否定。

A メニューに出しているのに。

Y あと、カレー屋さん、これもこだわりすぎで。超オタクで、自分がスパイスのおかげで健康を取り戻したとかで、「僕がみんなを健康にする！」という意気込みで、何を頼んでもすごく時間がかかる。チャイとか頼もうものなら出てくるまで2時間。納得いかない！　って言って淹れなおしたり。厨房が命で接客は全くダメ。

A こだわりが強すぎるカレー屋さんてそういう難しさがあるかも。

Y つまり、彼はカレー屋じゃなくて、スパイ

ス研究家なんですよ。

A　ああ、そうか。

Y　で、ある時その人が調理中に予約の電話がかかってきたんです。そしたらその人「僕わっ！　今っ！　とっても忙しくてそんなこと考えられません！」って（笑）。

A　すごい（笑）。

Y　かと思うとある店は注文の時にチャイム鳴らすシステムで、「お客様がお呼びですお客様がお呼びです」って全員が連呼するんだけど誰も来ない。お店にいる間のドキドキと心労と味が見合わない。まあ、こだわりの店は楽しいけど。

A　心労（笑）。ほんとに外で普通においしいもの食べるのがたいへん。

Y　この本に出てるところはみんなおいしそう。飲食店って、メニューの組み方で主人の考え方がわかると思います。価格帯とか、食材のバランスとか。なんとなくそういうことはわかっている私や麻生さんでも、今は普通に安心できる店を見つけるのが困難ですよね。

A　僕はあんまり奇を衒《てら》ってなくて、押しつけがましくないところをなるべく探して。そう、この間見つけたんだけど、新宿の歌舞伎町に「パリジェンヌ」（＊1）っていう店があって、歌舞伎町のど真ん中とは思えないような、清潔で、料理もサービスもちゃんとした、真っ当なお店だったんです。僕としては歌舞伎町の良心を発見したような気持ちで。

## 麻生さんのお弁当や
## 料理は麻生さんそのもの

Y　私が麻生さんのお弁当を初めていただいたのは2年くらい前なんですが、食べてみてわかりました。これは、お弁当だけどお弁当ではない、麻生要一郎という人の「考え方」をいただいているのだと。これだけちゃんと作っていたら「ほら！ ちゃんとしてるでしょ」という堅苦しさが出てくるんだけど、それを感じさせないところもすごい。

A　最近レストランのメニューで「〇〇産の△△でございます」っていうのがあるでしょ、あれが、あんまり好きじゃなくて。あなたの料理の責任をその野菜にそんなに負わせないで欲しい、って思う。

Y　麻生さんの料理は「予想外のことを怖《おそ》れない人」の作る料理。それがすごい安心感を与えてくれる……それって、多分、新島の宿（＊2）の経営も影響しているのかもしれませんね。

A　確かに、宿では予想外のことだらけで鍛えられました。島のことを何もわかっていなかったから買い物一つでも大変だったし。予約の電話を受けて「その日は空いてますよ」と答えただけなのを、予約済みだと思ってしまう人ってたまにいて（笑）。アルバイトの子が港に迎えに行くと予定外の人たちがいて、その対応に追われたり、台風が来て延泊になったり、危険からみんなを守ったり……。

Y　そういうことを乗り越えた〝覚悟〟って味に出ま

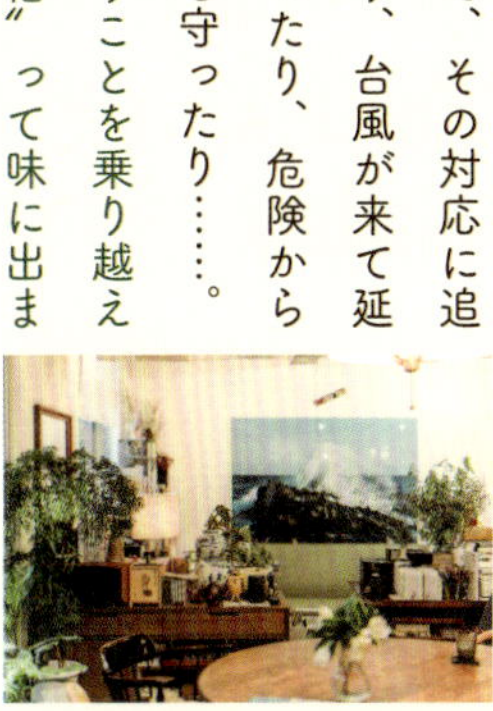

すよね。他人に何も禁止しないし、人が何を思おうが赦《ゆる》してもくれる。予想外のことを怖れない心と考え方を持っている人に対しては、こちらもおかしな振る舞いはしないだろうと思える。その人の前では、自分がしっかりと自分でいられる、そんな安心の時間と空間を約束される感じ。それが麻生さんの料理だと思う。そういうたたずまいを持っていることは人間としてとても大切です。

A　大好きなばななさんにそう言っていただけて本当にうれしいです。

さて、この本を読んでくださったみなさん、この本にある店はどこも僕のおすすめの、大切なお店ばかりです。機会があったら、ぜひ足をお運びください。

吉本ばなな

1964年、東京生まれ。87年『キッチン』で第6回海燕新人文学賞を受賞しデビュー。著作は30か国以上で翻訳出版され国内外での受賞も多数。近著に『下町サイキック』。noteにて配信中のメルマガ「どくだみちゃんとふしばな」をまとめた文庫本も発売中。

＊1　パリジェンヌ
歌舞伎町のランドマーク「風林会館」経営の、昭和の伝統を守る老舗洋食レストラン・喫茶。ベシャメルソースなども手作りの洋食から和のお弁当まで、バラエティ豊かなメニュー。東京都新宿区歌舞伎町2-23-1　風林会館1F

＊2　新島の宿
麻生さんが2009年から2014年まで伊豆七島の新島で経営したカフェ＆宿「saro」。

おわりに、にかえて

紹介

# 思い出のお店

※2024年8月現在の情報です。

## ぬりや 泉町大通り店

p. 019–022

昭和40年（1965年）の創業以来、現当主で三代目、地元の人に愛され続けている。鰻は、愛知、静岡、鹿児島などの産地から、その時々の良いものを選ぶ。厚みがあって、ふっくらと柔らかい鰻は一口目から幸福感に充たされる。地元人の自慢の店。

住所　茨城県水戸市泉町3-1-31
電話　029-231-4989
営業　11:30〜15:00、17:00〜20:00
休日　火

## 伊勢屋

p. 012–015

水戸で三代続く「伊勢屋」は、おだんごやお餅、お稲荷さんやかんぴょうの海苔巻きを売る、以前には日本全国にあった「甘味処」。何もかも手作りで、添加物や保存料は使用せず、包装にもプラスチックは使っていない。そして、何もかも美味しい。

住所　茨城県水戸市本町1-5-5
電話　029-221-5266
営業　9:00〜18:45
休日　月、第2・4火
※予約不可

## カルマ

p. 022–027

水戸で本格的なインドカレーが食べられる名店。インドを愛する店主の綿引りつ子さんのこだわりは味ばかりでなく、漂うスパイスの香りやインテリアなど、五感でインドが体験できる店。カレーの種類が豊富で、チャイとチャパティの味も格別。

住所　茨城県水戸市中央2-8-10
電話　029-232-3213
営業　11:30〜14:00、17:30〜22:00
休日　火、第1月

## 加寿美屋

p. 015–018

ご主人の鷺《さぎ》裕治さんは、無添加のパンや、懐かしさを感じるシベリヤ、甘食、ジャムロールなどを作り続けている。「いつ来ても思い出の味に出会えるよう心を込めて作っています」という言葉からは、地元への誠実な愛が感じられる。

住所　茨城県水戸市本町1-4-23
電話　029-221-3253
営業　10:00〜18:00
休日　第1・3水、第2・4日
※営業時間、定休日は変更になることがあります

## 花むら

p. 043–050

創業大正15年の老舗天ぷら店。小ぶりで食感もかろやかに仕立ててあり、大きな口を開けなくても食べられ、さすが赤坂らしい粋な天ぷら、と感じさせる。三代目ご主人川部幸二さんは味だけではなく「子どもを大事に」という初代の教えも守っている。

住所　東京都港区赤坂6-6-5
電話　03-3585-4570
営業　12:00～21:00
休日　火

## アメリカ屋

p. 027–032

平成元年から続く炭火ステーキの店。店は広く堅牢で清潔感があり、居心地がよい。肉は外国産、国内産両方で、どちらも素材は確か。産地表示にも好感が持てる。ネットも口コミも高評価、サラダバーの内容も充実。ディナーは予約がおすすめ。

住所　茨城県水戸市米沢町304-5
電話　029-247-0588
営業　月・水・木・金 11:30～15:00、17:00～21:00、土・日・祝 11:00～15:00、17:00～21:00
休日　火 ※お店に問い合わせてください

## スンガリー
## 新宿東口本店

p. 051–058

歌手の加藤登紀子さんのご両親が創業者。ロシア、ウクライナ、コーカサス、ウズベキスタン、シベリア、ジョージアと、さまざまな国や地方の料理が提供され、その豊かな食文化と美味しさを堪能することができる。何度でも訪れたくなる店。

住所　東京都新宿区歌舞伎町2-45-6
　　　千代田ビルB1
電話　03-3209-4937
営業　月～木・日 17:00～22:00
　　　金・土・祝 17:00～22:30
休日　12月31日～1月3日

## 煉瓦亭

p. 035–042

創業明治28年（1895年）の老舗、現社長は四代目木田浩一朗氏。洋食の歴史に煉瓦亭が果たした役割は大きい。煉瓦亭の「カツレツ」はしっかりとした下ごしらえが肉のうまみを引き出して、一口目から「美味しい」という言葉が出てしまう。

住所　東京都中央区銀座3-5-16
電話　03-3561-3882
営業　月～土・祝
　　　11:15～15:00、
　　　17:30～21:00
休日　日

コーヒーパーラー
ヒルトップ・山の上ホテル

p. 075–082

「コーヒーパーラー ヒルトップ」は東京人が誇る「山の上ホテル」の地下。多くの文化人に愛された数々のメニューの美味しさはいつも変わらず、しかも新しい工夫も忘れなかった。現在休館中だが、再開を望む人々の声が絶えることはないだろう。

住所　東京都千代田区神田駿河台1-1

青葉

p. 059–066

1968年創業、新宿歌舞伎町の地下に広がる大スペース、「青葉」。街も様変わりしたが、変わらないのは青葉の味。高級宴会料理から、屋台、家庭料理に至るまで台湾の味を伝えるメニューは200種類以上。渡辺清二店長はこの店の生き字引的存在。

住所　東京都新宿区歌舞伎町1-12-6
　　　歌舞伎町ビルB1
電話　03-3200-5585
営業　月～金
　　　11:30～15:00、17:00～23:00、
　　　土・日・祝 11:30～23:00

うどん豊前房

p. 083–090

現店主の佐藤克明さんは前店主から事業継承した人。うどんは岡山県の手延べうどん。包丁で切っていないから角がなく、のど越しが抜群。だしは、温かいうどんはいりこと昆布、冷たいものはかつおと昆布で少し濃いめ。手作りのデザートも美味。

住所　東京都目黒区東山1-11-15
電話　03-3710-5425
営業　11:45～14:30、18:00～21:00
　　　※売り切れ次第終了 ※月・土・祝は昼のみ営業の場合もあり
休日　日 ※お店に問い合わせてください

駒形 前川
浅草本店

p. 067–074

創業は江戸文化・文政期、現当主は七代目の大橋一仁さん。「前川」には、代々当主が自ら鰻を捌かねば前川の蒲焼きにならぬという信念と誇りがある。代々引き継がれるたれには蒸した鰻の味がうつるので、その鰻の品質には最もこだわる。

住所　東京都台東区駒形2-1-29
電話　03-3841-6314
営業　11:30～21:00
休日　なし

## 花子
## 飯田橋店

*p. 107–114*

店長の小林健太郎さんは広島から上京、奥様の奈緒子さんと店のクオリティを実直に守り続ける。「国泰寺焼き」は豚トロとそばをカリカリに焼き付けて仕上げる広島でも人気の一品で理屈抜きに美味しい。数々の一品料理もレベルが高い。

住所　東京都千代田区九段北1-10-5
　　　サンブリッジ九段ビル1F
電話　03-6380-8024
営業　11:30〜14:00、17:30〜22:30
休日　日・祝

## 喫茶 壁と卵

*p. 091–098*

ご主人の友部雄基さん、香代子さんは、共に村上春樹の愛読者で、店の名前も村上春樹の有名なスピーチから。毎日手描きのメニュー、名物となったカレー、お菓子、コーヒーの味に“惜しまない心”が滲む。「喫茶の時間」の素晴らしさを味わえる名店。

住所　東京都渋谷区幡ヶ谷2-11-7
　　　プエブロM 1F
営業　月 16:00〜21:00、木・金・土・日・祝
　　　11:30〜19:30 ※19:00〜22:00予約制 ※イベント等で営業日時変更あり
休日　火・水

## 富麗華

*p. 115–122*

都内に展開される「中国飯店」の中でも特別な存在が東麻布の「富麗華」。「理想の店を作る」そう決心したオーナーが作り上げた店は、キッチンを上海と広東に分け、中国の一級料理人と、気鋭の日本人料理人が腕を振るう。四季折々に訪れたい店。

住所　東京都港区東麻布3-7-5
電話　03-5561-7788
営業　11:30〜15:00、17:30〜22:00
休日　日・祝

## エルカラコル

*p. 099–106*

素材も調理法も本格にして繊細なメキシコ料理レストラン&バル。ワカモーレをはじめとする何種ものソース、トルティージャもすべて手作りで、ご主人の平塚雅行さんの料理は感動の美味しさ。奥様の友里子さんの的確なサービスが心地いい。

住所　東京都新宿区四谷4-10
電話　03-6273-2358
営業　火〜土 17:00〜22:30
休日　日・月

## ЯIOTA（イオタ）

p. 139–146

下関市出身の宮添亮太シェフのレストラン。独自の感性で“宮添のイタリアン”ともいうべき、きっちりと下ごしらえされた料理を提供する。しっかり選んだ食材を最高に美味しく、しかもカジュアルに堪能できる。「こういう店が欲しかった！」と思わせる店。

住所　東京都新宿区四谷本塩町1-13
　　　横尾ビル1F
電話　03-6457-8028
営業　18:00～23:00
休日　日

## CHACOあめみや

p. 123–130

店主雨宮登志夫さんは二代目。弟の亮太さんとともにステーキ一筋に営んで、多くの常連をつかんだ。肉は厳選した、あっさりして適度なサシが入った豪州産穀物牛。一口噛めば肉のうまみがほとばしる。翌日もまた食べたくなるという噂は本当だ。

住所　東京都渋谷区千駄ヶ谷1-7-12
電話　03-3402-6066
営業　火～金 11:30～14:00、17:00～22:00、
　　　土 17:00～22:00、日 17:00～21:00
休日　月、第1日

## ウエスト
## 青山ガーデン

p. 147–154

常に行列の絶えないこの店は、四季の移り変わりを心地よく感じさせるガーデンテラスを備えた最高の環境、高い天井の居心地のよい室内ラウンジには特別な時間が流れ、都会にいることを忘れさせる。サンドイッチもケーキも美味しく、豊かな味。

住所　東京都港区南青山1-22-10
電話　03-3403-1818
営業　11:00～20:00
　　　※予約は不可

## 六角亭

p. 131–138

本文中の「あかねママ」は、金子あかねさん。名店「六角亭」の名物女将。二代目は、お嬢さんの麻美さんのご主人大家幸治さん。六角亭は串揚げのみならず、旬を味わう和食の一品料理、お酒も充実。旬の食材の美味しさを堪能できる店。

住所　東京都渋谷区恵比寿西1-36-5
電話　03-3780-4784
営業　月～土 17:00～23:00
　　　日・祝 16:00～22:00
休日　正月

## HORAIYA

*p. 155–162*

河野寛史さん、トモミさんご夫妻で切り盛りする、コーヒーとサンドイッチの店。その場で温めてくれるホットサンド、丁寧に淹れてくれるコーヒー、それらの美味しさが本当に心を寛がせてくれる。季節ごとに変わるフィリングが楽しみ。

住所　東京都渋谷区神宮前2-19-10
　　　原電ビル1F-C
電話　03-6804-5432
営業　7:30〜19:00
休日　火

## APOC（アポック）

*p. 163–170*

APOCのパンケーキのファンは多い。店主大川雅子さんのおすすめのままにメープルシロップをかけたり、スパイスをかけたりして食べ進むうちに味の変化に夢中になる。添えられるスパイスもクリームもすべてがオリジナルだから全体の調和が素晴らしい。

住所　東京都港区南青山5-16-3
　　　メゾン青南2F
営業　水・木・土 12:00〜17:00
　　　金 12:00〜15:30
　　　お買い物は18:00まで
休日　月・火・日

麻生要一郎　あそう・よういちろう
料理家、文筆家。家庭的な味わいのお弁当やケータリングが、他にはないおいしさと評判になり、日々の食事を記録したインスタグラムでも多くのフォロワーを獲得。料理家として活躍しながら自らの経験を綴ったエッセイ&レシピ『僕の献立　本日もお疲れ様でした』『僕のいたわり飯』『僕のたべもの日記　365』（すべて光文社）を刊行。雑誌やウェブサイトでの連載も多数。

デザイン――白い立体
撮　影――小島沙緒理
編集協力――盛岡洋子
編集担当――今田光子

本書は、ウェルビーイング100 byオレンジページ（https://www.wellbeing100.jp/）の連載「僕が食べてきた思い出、忘れられない味」（2022年10月〜2024年5月）をまとめ、加筆・修正したものです。

僕が食べてきた思い出、忘れられない味
私的名店案内22

著者　麻生要一郎
発行日　2024年11月5日　第1刷発行
発行人　鈴木善行
発行所　株式会社オレンジページ
〒108-8357
東京都港区三田1-4-28　三田国際ビル
☎03-3456-6672（ご意見ダイヤル）
☎048-812-8755（書店専用ダイヤル）

印刷・製本　株式会社シナノ

PRINTED IN JAPAN

ISBN978-4-86593-688-9